Anne Toulouse est française d'origine et de nationalité américaine. Elle vit aux États-Unis depuis plus de
vingt ans. Elle a été pendant douze ans correspondante
de RFI en Amérique du Nord. Elle a écrit trois livres sur
les États-Unis, y a fondé une petite entreprise, et beaucoup voyagé dans les cinquante États américains.

Dans la tête
de Donald Trump

© Éditions Stock, 2016

© Centre France Livres SAS, 2018
MON POCHE
14 avenue des Droits de l'Homme – 45000 Orléans

ANNE TOULOUSE

DANS LA TÊTE DE DONALD TRUMP

MONPOCHE

Introduction

L'UNE DES ATTRACTIONS de Manhattan est le Wollman Rink, la célèbre patinoire de Central Park qui apparaît dans des films comme *Love Story*. Elle est connue sous ce nom mais celui qui, depuis trente ans, s'étale en lettres rouges à l'entrée est Trump. Les Wollman sont une famille de mécènes qui a fait don de la patinoire à la ville de New York. En 1980, elle était dans un tel état de délabrement que la ville a décidé de la rénover : six ans et 13 millions de dollars plus tard, la patinoire Wollman ne fonctionnait toujours pas. Arrive alors Donald Trump, qui vient de donner son nom à un spectaculaire gratte-ciel au cœur de Manhattan et veut faire d'Atlantic City un second Las Vegas. En quatre mois, et avec un budget de 25 % inférieur, il a rouvert la patinoire, exploitée depuis lors par l'une de ses sociétés.

Ces quatre mois de travaux devraient être étudiés dans les écoles de relations publiques tant Trump en a tiré jusqu'à la dernière goutte le meilleur rendement publicitaire. Il a convoqué la presse à chaque tuyau posé, fait venir des patineurs olympiques et, pendant un temps au moins, les représentants de la ville, qui ont fini par ne plus se montrer, tant ils étaient embarrassés par toute cette affaire. Depuis, plus de 5 millions de visiteurs passent chaque année devant l'enseigne Trump, largement déployée, comme un symbole du triomphe d'un entrepreneur privé sur des pouvoirs publics incompétents.

La parabole ne s'arrête pas là. En 2002, Mark Burnett, le roi de la téléréalité, cherche un personnage pour animer son nouveau projet : une série d'entretiens d'embauche à l'issue desquels les candidats sont « *hired or fired* », engagés ou licenciés, en direct par une célébrité du monde des affaires. La révélation se produit alors qu'il traverse Central Park, lorsque le nom de Trump sur le panneau d'entrée de la patinoire lui saute aux yeux. En 2004, « The Apprentice » démarre, une série de reality-shows diffusée depuis douze ans, et celui que l'on appelle désormais « le Donald » entre en majesté dans les foyers américains.

Si le reste du monde a découvert le candidat républicain à travers les images d'une campagne où on lui a fait jouer, avec sa complicité active, le rôle d'Attila chevauchant à travers les primaires, les États-Unis l'ont connu dans ses vies antérieures : celles d'un businessman surdoué, qui arrive à incarner à la fois le fantasme du milliardaire et l'image de l'Américain moyen. Trump est une métaphore ambulante : il transforme des chantiers de démolition en tours de cinquante étages, lance des roulettes de casino, fait et défait les ambitions en direct à la télévision et se promène avec à son bras la page centrale de *Playboy*.

Il n'est pas rare qu'après avoir concrétisé de telles ambitions, des milliardaires se croient destinés à accéder au pouvoir suprême : la direction du pays. Steve Forbes et Ross Perot y ont allégrement englouti une partie de leur fortune.

Encore faut-il que cette ambition rencontre un terrain favorable et Donald Trump a toujours eu le nez pour repérer les terrains constructibles.

Lorsqu'il lance sa campagne en 2015, et même si, partout ailleurs, on les perçoit comme un pays privilégié, les États-Unis traversent une profonde crise. Le pays a perdu son sentiment d'invulnérabilité avec les attentats du 11-Septembre, l'enlisement dans deux guerres et la grande crise économique de 2008. L'élection d'un jeune président noir n'a pas apporté le renouveau attendu ni réduit la fracture raciale. Les deux tiers des Américains se disent en colère contre ceux qui les gouvernent. Ils ont compris que le temps du travail récompensé par un emploi stable était révolu. Comme l'a montré une série d'attaques sur leur territoire, leur sécurité n'est plus garantie comme l'expliquait Bismarck : « Les Américains ont la chance d'avoir au nord et au sud des voisins faibles ; à l'est et à l'ouest, les poissons. » L'immigration qui a construit le pays est devenue un problème récurrent. Démocrates et républicains continuent à se repasser la patate chaude des dossiers inachevés et l'équilibre des pouvoirs a tourné au blocage permanent. Il suffit de lire les sondages des deux dernières décennies pour mesurer la sidérante perte de confiance des Américains dans leurs institutions : les deux tiers ou davantage ne font confiance ni au Congrès, ni à la présidence, ni à la Cour suprême, ni à la presse.

Arrive le Donald, comme un bison dans la prairie, comme un taureau dans un rodéo, comme le shérif dans un western. C'est un personnage tout à fait semblable à ceux des mythes américains et, avec lui, on ne s'ennuie pas une seconde.

Introduction

Les États-Unis ont pour l'excentricité et l'excès un seuil de tolérance bien supérieur à celui des Européens. La modération et le conformisme ne faisaient pas partie des vertus des conquérants lancés à l'assaut des Grandes Plaines. Leur histoire est peuplée d'aventuriers, de prêcheurs illuminés, de gouverneurs qui entraient à cheval dans les lieux du pouvoir, d'un président qui élevait un bouc dans le bureau ovale, d'un autre qui partageait son lit avec son aide de camp et d'un vice-président assassinant le ministre des Finances avant de retourner à ses affaires !

Il faut plus que les excentricités du Donald pour surprendre l'Amérique. Ce qui est étonnant n'est pas cette entrée dans la course à la présidence, mais la facilité avec laquelle il s'y est installé, contre toute attente.

« Contre toute attente » pourrait d'ailleurs être sa devise. Il bouscule les règles de la politique comme il a bousculé celles de l'immobilier ou de la télévision, en prenant des paris pas toujours gagnants. Au début de la campagne, sa force a été de ne pas jouer le jeu du politiquement correct, dont les électeurs sont manifestement fatigués, mais il a aussi insulté le bon sens de pans entiers de l'électorat.

Cela serait *a priori* fatal si le chemin des élections américaines n'était pas aussi tortueux.

On ne peut pas comprendre le phénomène Trump sans faire un peu de géographie. Il y a entre Washington, New York, Miami et Los Angeles un espace grand comme un continent qui se sent ignoré, voire méprisé par l'élite du pays et les observateurs internationaux. L'élection ne se fait pas au suffrage direct, mais État par État, avec des procédures archaïques qu'il est utile d'interroger pour comprendre la stratégie des candidats. Que l'Ohio, la Pennsylvanie, le vieux Sud, les États des Plaines et des Rocheuses entrent en rébellion, et c'est l'élection qui bascule. C'est ainsi que George W. Bush a été élu par deux fois…

On ne peut pas non plus comprendre le phénomène Trump sans se référer à l'histoire. Les États-Unis sont nés d'une révolte contre l'ordre établi et se sont étendus grâce à des chercheurs de fortune qui fonçaient droit devant eux sans trop savoir vers quoi ils allaient. Dans un passé plus récent, en 1964, les électeurs républicains se sont lancés dans une aventure électorale passionnée, mais sans lendemain, derrière Barry Goldwater.

On ne peut pas comprendre le phénomène Trump si on n'a pas étudié la sociologie de ce pays formé par des vagues d'immigration successives, qui ont généré de puissantes communautés, chacune se sentant menacée par la dernière arrivée.

Enfin et surtout, il y a l'économie, élément déterminant pour les électeurs, domaine dans lequel Donald Trump est crédité d'une certaine compétence pour avoir multiplié par 4 500 son investissement de départ dans ses affaires.

Le miracle de la patinoire Wollman peut-il se reproduire à l'échelle des États-Unis ? Donald Trump n'a qu'une idéologie, qu'il définit dans son livre, *L'Art de la négociation* : il faut boucler celle-ci au mieux de ses intérêts. Son programme est un mélange de recettes pratiques d'entrepreneur pour résoudre les dysfonctionnements du pays et de provocations destinées à secouer le cocotier de l'opinion publique.

Quels que soient les avatars de sa candidature, le mouvement qu'il a suscité marque un point de non-retour dans l'aimable distribution des forces entre les deux grands partis qui se sont succédé au pouvoir.

Cette élection est l'une des plus singulières d'un pays qui a pourtant la faculté de surprendre. La campagne a débuté avec deux candidats dont les patronymes représentaient un voyage dans le passé : Jeb Bush et Hillary Clinton. La réponse des électeurs a été la montée inattendue de deux outsiders, Donald Trump et Bernie Sanders. Si l'un a mieux réussi que l'autre, c'est que le Parti démocrate était déjà en ordre de marche derrière une candidate programmée par ses élites. C'est donc un Parti républicain en plein désarroi qui vit à travers Donald Trump « une grande expérimentation de la politique de la rébellion », ainsi que Tony Blair a défini le Brexit.

Trump, l'écureuil
de la campagne 2016 ?

« Quand l'écureuil se manifeste dans notre vie, c'est un message qui, souvent, nous enjoint de nous amuser davantage [...] Nous pouvons observer les pitreries de l'écureuil autour de nous. Une simple observation de l'écureuil révèle que c'est une créature qui aime se faire entendre et qui utilise la communication pour s'amuser, ou bien quand il se sent menacé. »

Extrait de *Spirit and animal totem, and their message*, spirit-animals.com

DONALD TRUMP serait-il Donald Trump sans la fameuse mèche de cheveux qui lui barre le front ? « On dirait qu'il a un écureuil assis sur la tête », avait déclaré en septembre 2015 l'ancien gouverneur de Louisiane Bobby Jindal, candidat à l'investiture républicaine, sorti de la course avant même le début des primaires – il n'aura d'ailleurs pas laissé d'autre souvenir de sa campagne écourtée que cette formule imagée.

Sujet de plaisanterie favori de ses détracteurs, l'extravagance capillaire de Donald Trump soulève nombre de spéculations : toupet, perruque ou autre artifice ? Pour lever le voile, Donald Trump demande régulièrement à des supporters de tirer sur la queue de l'écureuil, qui semble bien attachée à son front. Un front plutôt bas, ce qui accréditerait la thèse d'une réduction du cuir chevelu : Trump aurait subi une opération esthétique qui consiste à retirer une bande de peau chauve pour ramener le cuir chevelu vers le front.

Si vous pensez que cette coquetterie est indigne d'un homme qui brigue la présidence, regardez la photo de Lincoln. Lui aussi avait des problèmes de calvitie frontale qu'il a résolus sans les ressources du bistouri. Tout simplement en laissant pousser une grande mèche qui pend sur son front comme une queue... de raton laveur.

Les cheveux du Donald sont manifestement teints. Sur les photos de sa jeunesse, il est d'un châtain banal. Il paraît que c'est l'une de ses épouses, Ivana, qui l'a persuadé d'adopter ce blond-roux qui se rapproche de la couleur du pelage de l'écureuil. Pour sa campagne, il a viré au blond platine.

Pendant la campagne de 2004, le démocrate John Edwards, colistier de John Kerry, s'était vu reprocher ses coupes de cheveux à 400 dollars, une broutille pour un milliardaire comme Donald Trump. Curieusement, nul n'a soulevé la question du coût d'entretien de la coiffure du Donald, qui évoque avec nostalgie les années 1950, quand la vie était simple et que l'Amérique n'avait pas d'états d'âme. C'était le temps du toupet d'Elvis, du feuilleton culte « Happy Days ». On pourrait d'ailleurs rapprocher l'image que cultive le candidat républicain de celle du héros bien-aimé du feuilleton, Fonzie, macho grande gueule, dragueur, bagarreur et rebelle, en lutte contre l'autorité et les convenances, qui a installé son bureau dans les toilettes pour hommes de son restaurant favori.

Dans le feuilleton, Fonzie vote républicain, ce qui à l'époque n'était pas encore prohibé par Hollywood. Il fait même campagne pour Eisenhower car : « Hey, il a gagné la guerre ! »

Aujourd'hui, l'Amérique n'a plus l'impression de vivre de « happy days ». Si l'on en croit un rapport sur le bonheur à travers le monde, établi par l'université Columbia et repris par les Nations unies, les États-Unis se classent au 15e rang, derrière le Mexique et le Costa Rica. Le pays semble avoir perdu le goût du bonheur, mais également cette joie spontanée et naïve qui était sa marque de fabrique. Il était mûr pour un candidat qui... décoiffe.

« Après avoir vu Hillary Clinton qui fait campagne à contrecœur et Barack Obama qui dédaigne la politique, c'est amusant de voir quelqu'un qui s'amuse. » (Maureen Dowd, *New York Times*.)

Une fois que l'on a cette image d'écureuil farceur dans la tête, on ne peut plus s'empêcher d'associer au candidat un certain sens du divertissement. Les meilleurs moments de la campagne de Trump ont été ceux pendant lesquels il n'était pas encore entré dans la peau du candidat officiel mais qu'il était encore celui que l'on avait surnommé, avec un mélange d'affection et d'ironie, « le Donald ». Comme un personnage de dessin animé, il maniait la rouerie, le rire et le bâton avec une gouaille qui contrastait avec le discours aseptisé de ses concurrents. Quelles que soient les réactions qu'il suscite, l'ennui n'en fait pas partie. D'ailleurs, « *boring* », ennuyeux, est un terme récurrent dans sa rhétorique, bien sûr à propos des autres. Il a même mimé un spectateur qui se serait assoupi en écoutant le discours annuel sur l'état de l'Union de Barack Obama.

Jeb Bush a été sa tête de Turc favorite. Son message était aussi excitant, a dit Trump, qu'un email collectif, ajoutant que Jeb lui rappelait « *energizer bunny* » (le lapin de la publicité pour les piles Duracell) quand on le comparait à Ben Carson, autre ex-candidat républicain, qui n'avait pas suivi sa propre évolution dans les sondages parce qu'il dormait.

Le syndrome de l'ennui est ainsi devenu le thème central de la campagne, repris pour s'en défendre par les principaux accusés telle Hillary Clinton. La grande force des bateleurs est d'entraîner sur leur terrain des gens qui feraient mieux de ne pas s'y aventurer. Hillary Clinton a sans doute voulu faire de l'« anti-boring » lorsqu'elle s'est mise à « aboyer » comme un chien pendant l'un de ses meetings. Depuis, lorsqu'un chien aboie pendant une réunion publique de Donald Trump (et cela ne manque jamais d'arriver), le mot d'ordre est de crier : « C'est Hillary ! »

Mais la campagne de Trump joue également sur d'autres émotions puissantes et moins plaisantes : la colère et l'anxiété.

Les raisons de la colère

« Quand on vous gruge sans arrêt, ce que vous pouvez faire de pire c'est de l'accepter... il faut vous battre. »
Donald Trump

« JE SERAI LE PORTE-DRAPEAU de votre colère », affirme Trump. Une colère difficilement compréhensible hors des États-Unis, pays qui est toujours perçu dans le monde comme le plus riche et le plus puissant de la planète. Les Américains sont peut-être des enfants gâtés, mais le fait est que, en ce moment, leur moral est bas.

L'institut de sondage Gallup demande régulièrement aux Américains d'évaluer leurs institutions. La dernière enquête, effectuée au moment où Donald Trump annonçait sa candidature, montre à quel point sa campagne anti-establishment est en phase avec l'opinion publique.

Les chiffres sont parfois fastidieux, mais toujours éloquents.

Seules 8 % des personnes interrogées par Gallup font confiance au Congrès, 33 % à la présidence et 32 % à la Cour suprême.

Le quatrième pouvoir, la presse, ne se porte pas mieux avec un score de confiance de 24 % pour les journaux et 21 % pour la télévision.

Un autre grand pilier de la société américaine, la religion, est également en dessous de la moyenne dans le sondage Gallup. Seuls 42 % des sondés accordent leur confiance aux institutions religieuses.

À l'autre extrémité du palmarès, l'institution gagnante est l'armée, avec une cote de confiance de 72 %, alors que la police, classée troisième, recueille 52 % d'avis favorables. Ces deux institutions, symboles de la grandeur de l'Amérique et de l'ordre, sont les chevaux de bataille de Trump.

La deuxième place est occupée par les petites entreprises qui ont la confiance de 67 % des Américains. Elles représentent au moins 60 % de l'économie et ce sont elles qui ont créé, ces dernières années, deux emplois sur trois. C'est sans doute l'un des grands atouts de Donald Trump. Bien qu'il soit lui-même emblématique des grandes entreprises, auxquelles seuls 21 % des sondés font confiance, il est de loin le candidat favori des petits patrons : 41 % d'entre eux pensent qu'il comprend leurs problèmes.

Ces scores révèlent un changement profond dans la société américaine au cours des quarante dernières années.

La cote de confiance du Congrès, qui n'a jamais eu une bonne image, était néanmoins à 42 % en 1973. La présidence a culminé à 72 % en 1991, sous le premier président Bush (qui n'a pourtant pas été réélu l'année suivante). L'armée obtient de bons scores depuis cette même époque, alors que, dix ans plus tôt, 50 % des personnes interrogées seulement lui faisaient confiance. Ceux qui ont perdu le plus de crédit sont les instances religieuses, le système scolaire, les banques et la télévision.

À peine plus d'un quart des Américains sont satisfaits de l'état de l'économie et ce chiffre tombe encore plus bas chez les moins de 25 ans. Cela bouscule le vieil adage qui veut que la satisfaction nationale soit indexée sur la courbe du chômage et le prix de l'essence. Au moment où la campagne électorale a débuté, le prix de l'essence était historiquement bas et le chiffre du chômage autour de 5,1 %, ce qui est proche de ce que les économistes considèrent comme le plein-emploi.

Mais ces fondamentaux ne sont pas perçus comme solides, ni ressentis comme tels dans la réalité.

La FED elle-même reconnaît que la proportion de la population active (66 %) est à 4 % plus basse qu'avant la grande dépression de 2008 et qu'il y a plus de candidats que de postes pour les emplois qualifiés.

Si l'on prend en compte ceux qui voudraient travailler à plein temps mais doivent se contenter d'un emploi épisodique ou ont renoncé à chercher du travail, le total réel des chômeurs serait de 10,3 %.

Un autre sondage de l'institut Rasmussen en août 2015 porte sur le sentiment dominant des Américains : plus des deux tiers se disent en colère !

Et si le gouvernement
était « viré »

« J'ai découvert, pour la première fois et pas la dernière, que, pour les politiciens, le coût des choses a peu d'importance. Ce n'est pas leur argent. »

Donald Trump

L E 15 MARS 2016, vers 16 heures, les habitants de Washington et de sa région apprennent avec stupéfaction que leur métro sera fermé le lendemain. En plein milieu de la semaine. Cette décision sans précédent a été prise après la découverte de câbles électriques endommagés qui présentent un risque d'incendie. Pourtant, cet incident ne date pas de la veille, mais de l'année précédente, lorsque des émanations de fumée dans une station bondée du centre-ville avaient fait un mort et plusieurs blessés.

Que s'est-il passé entre-temps ? Rien avant la nomination d'un nouveau directeur qui a sans doute voulu frapper un grand coup et attirer l'attention de l'opinion publique en suspendant un service utilisé quotidiennement par 700 000 personnes. Mais les inspections ont mis au jour un réseau si délabré que, pendant des semaines, les lignes ont été fermées à tour de rôle pour le remettre en état. Pourtant le métro de Washington n'est pas une antiquité, il a quarante ans d'existence, mais ses dysfonctionnements demeurent des sujets de plaisanterie et de consternation constants.

Pourtant, ce n'est pas l'argent qui manque – il est financé par le gouvernement fédéral, le District of Columbia, les États du Maryland et de Virginie. C'est plutôt l'incompétence qui en est la cause ! En 2013, une ligne de métro devait desservir l'aéroport international de Dulles, qui ne bénéficie toujours d'aucun moyen de transports en commun digne de ce nom. L'année suivante, elle est péniblement arrivée à quelques miles du but, une navette routière permettant de parcourir le dernier tronçon. Et encore, ce terminus provisoire n'a pas été atteint sans difficulté. Les travaux ont été retardés d'un an parce que les concepteurs avaient négligé le passage obligatoire de la ligne sous le Potomac, l'unique tunnel sous la rivière étant déjà encombré.

La fermeture du métro a été ressentie comme une humiliation pour une ville qui se voit comme le centre du monde, mais cela n'a pas été une surprise. Le lendemain, on a pu lire dans l'un des éditoriaux du *Washington Post* :

« Il n'y a pas que le métro. Le paysage urbain est plein de bancs cassés, de trottoirs qui s'effritent, de lampadaires rouillés. Si vous êtes en voiture, endurez nid-de-poule après nid-de-poule et croisez les doigts en espérant que vous n'êtes pas sur l'un des 70 000 ponts du pays dont la structure est défaillante. »

Statistiquement, si ce risque spécifique à la traversée des ponts est réduit à Washington, il ne relève pas du fantasme. En 2007, à Minneapolis, un pont supportant une autoroute à huit voies s'est effondré, faisant 13 morts et 145 blessés.

Les infrastructures américaines sont, au mieux, vétustes. Le dernier grand plan, dont le métro de Washington a fait partie, remonte au président Johnson, et le gros du travail a été lancé par le président Eisenhower, qui a appliqué à l'équipement du pays son sens de l'organisation développé dans les opérations militaires. Apparemment, depuis, le pays n'a pas connu de tels stratèges et s'est contenté d'expédier les affaires courantes, sans grande vision de l'avenir, qui, de toute façon, est l'affaire des futurs élus.

Dans le rapport de la Société américaine des ingénieurs civils, les infrastructures du pays obtiennent la note D+, ce qui équivaudrait dans le système français à un 7/20.

Le manque d'argent n'est pas en cause. Contrairement à une idée reçue, les impôts abondent aux États-Unis, entre l'impôt fédéral, l'impôt versé à l'État et les taxes de propriété – dans certains comtés, elles ont atteint un niveau hallucinant.

Dans les budgets fédéraux et locaux confondus, les infrastructures représentent 2 % des dépenses, contre 16 % dans le budget fédéral pour la défense, ce qui, manifestement, ne suffit pas. J'ai récemment assisté à une levée de fonds destinée à financer les études universitaires de fils et de filles de militaires tués au combat. On aurait pu penser que, sur un budget de quelque 600 milliards de dollars, l'armée trouverait de quoi prendre soin des orphelins de guerre.

Au printemps 2016, un rapport de l'équivalent américain de la Cour des comptes a dévoilé que le gouvernement dépensait les trois quarts du budget de 80 milliards de dollars consacré à son parc informatique pour maintenir un système considéré comme obsolète, au détriment des innovations. Ce système qui gère toutes les fonctions de l'État, de la défense aux retraites, a été mis en place il y a un demi-siècle !

Dans le sondage Pew sur la confiance dans le gouvernement, 40 % de ceux qui s'affirment démocrates et 72 % de républicains considèrent que le gouvernement est presque toujours gaspilleur et inefficace.

Ce n'est pas non plus par manque de personnel. D'une manière générale, les fonctionnaires représentent 16 % des employés, avec de grandes différences selon les États : il y en a 27 % dans le District of Columbia, 20 % dans le Mississippi, contre environ 12 % dans la plupart des États du Midwest.

De plus en plus, ces fonctionnaires apparaissent comme une nouvelle élite, avec des salaires dans les bas et moyens échelons supérieurs à ceux du privé, et des avantages sociaux comme une assurance maladie bon marché, une pension à vie et une impunité pour les fautes professionnelles qui fait enrager le secteur privé.

Ce n'est pas pour rien que la région de Washington, où se concentrent le plus d'emplois de fonctionnaires gouvernementaux, a été la seule épargnée par la récession de 2008.

Un sondage effectué par le quotidien *USA Today* auprès de jeunes Américains illustre le peu d'illusions qu'ils se font sur l'efficacité de ceux qui les gouvernent : à deux contre un, ils estiment qu'ils pourront agir plus efficacement sur la société en travaillant dans des organisations caritatives, plutôt que pour les pouvoirs publics.

Donald le « *fixer* »

> « *En 1991, le marché était épouvantable, tout le monde mettait la clé sous la porte. J'avais de gros, gros ennuis. Je devais des millions de dollars. Bien sûr, je peux parler sans fin de la façon de résister à la pression, mais le fait est que je devais des millions de dollars. Ce n'était pas exactement une partie de plaisir. Croyez-moi, ce n'est pas marrant d'être Donald Trump quand vous devez des millions de dollars.* »
>
> Donald Trump

LE SLOGAN DE CAMPAGNE de Jeb Bush était « *Jeb will fix it* ». Le verbe « *to fix* » signifie « réparer ce qui ne va pas ». Et c'est exactement ce qu'attendent les électeurs républicains, à ceci près que, dans leur esprit, Jeb n'avait pas une image de « *fixer* ». Cela explique que sa campagne se soit terminée un mois après le début des primaires, malgré les 150 millions de dollars engloutis dans la course à l'investiture.

Donald Trump, lui, est vu comme un *fixer*. L'un de ses slogans est : « Les autres n'ont fait que parler et pendant ce temps-là, moi j'ai construit. » La seconde partie de l'affirmation est facile à vérifier : il existe actuellement, d'après Forbes, trente-trois bâtiments ou projets de développement qui portent son nom. Allez à New York, Chicago, Miami, Honolulu, Philadelphie et levez le nez, vous y verrez une Trump Tower !

Qu'ont fait les autres candidats en dehors de la politique ?

Hillary Clinton et Ted Cruz étaient avocats, la profession la plus vilipendée aux États-Unis ; Marco Rubio a suivi des études de droit, puis il est aussitôt entré en politique ; Jeb Bush a été promoteur immobilier, mais on peut toujours chercher un building qui porte son nom ; Ben Carson a exercé brillamment le métier de neurochirurgien pédiatrique, mais, après une ascension rapide, il semble avoir complètement disjoncté.

Comme nous l'avons vu, Donald Trump est le candidat favori de ce que l'on appelle les « *small business owners* ». Ce terme générique recouvre un segment de l'économie qui va de l'épicier du coin aux sites internet prospères ou aux usines employant quelques centaines de personnes. La définition officielle donnée par le gouvernement est une entreprise de moins de 500 salariés, financée et gérée de façon privée. On peut se demander ce qu'elles ont en commun et surtout ce qu'elles ont à voir avec l'empire de Donald Trump, estimé à 4,5 milliards de dollars. Celui-ci n'est d'ailleurs pas, comme le montre la citation en exergue, un entrepreneur infaillible. Pendant sa longue existence, il s'est trouvé quatre fois en faillite. Parmi ses échecs cuisants, une fédération de football concurrente de la puissante NFL et une compagnie aérienne qui n'a volé que trois ans, car elle avait pris à rebours tous les fondamentaux du marché. Trump a également pris un sérieux bouillon avec ses casinos d'Atlantic City.

Un tel CV peut paraître rédhibitoire n'importe où, mais pas aux États-Unis où l'échec compte moins que la capacité à s'en relever. Comme le savent tous ceux qui ont vu ses biopics, le héros absolu de l'Amérique, Steve Jobs, a été viré pour incompétence de Macintosh. Si Donald Trump a un point commun avec Apple et son créateur, c'est sa capacité à créer une légende autour de ses œuvres et surtout de lui-même.

Chaque fois que Trump a mordu la poussière, plutôt que de faire son autocritique, il a accusé le système. Et Dieu sait si le système est la bête noire de tous ces tâcherons de la libre entreprise que sont les « *small business owners* ».

Aucune de ces entreprises, bien sûr, n'approche le montant faramineux des dettes passées du Donald ! Sur les quelque 30 millions de « *small businesses* », 22 millions sont individuelles. Pourtant, elles représentent plus de la moitié des emplois salariés. Plus d'un demi-million de petites entreprises sont créées chaque mois et la plupart d'entre elles ne passeront pas le cap des cinq ans d'existence. Ceux qui pensent que monter une entreprise aux États-Unis est facile n'ont jamais essayé ! Dans le pays extrêmement décentralisé, le citoyen jongle en permanence avec trois administrations et trois séries de règles, celles du gouvernement fédéral, celles du gouvernement de l'État et celles du comté.

Les patrons des petites entreprises ont le sentiment de porter à bout de bras une partie de l'économie du pays sans recevoir aucune reconnaissance. Quand l'économie a plongé en 2008, ils ont plongé avec elle, sans que l'argent public ne vienne les renflouer, comme ç'a été le cas pour l'industrie automobile. Et les contribuables, ce sont eux ! Si tant est que l'on puisse faire une projection réaliste à partir des promesses de campagne, Donald Trump est celui qui promet le système fiscal le plus favorable à ce secteur de l'économie.

Et il possède un atout psychologique : il projette l'image d'un homme capable de diagnostiquer et résoudre un problème sans se poser de questions métaphysiques, ce qui est le quotidien des petits patrons.

L'anxiété de la classe moyenne...
et de quelques autres !

« La plupart des Américains appartenant à la classe moyenne blanche pensent que leur race ne leur a pas accordé de privilège particulier. Leur expérience est celle des immigrants. Personne ne leur a donné quoi que ce soit, ils ont démarré de zéro, et ils ont travaillé dur toute leur vie, souvent pour voir leur emploi délocalisé à l'étranger ou leur retraite s'effondrer après toute une vie de travail. Ils regardent l'avenir avec anxiété et voient leurs rêves s'évaporer ; dans une époque de salaires stagnants et de concurrence internationale, ils se voient comme les perdants d'un jeu d'équilibre où les rêves des autres s'accomplissent aux dépens des leurs.

> « *Donc, quand ils entendent qu'un bus va emmener leurs enfants à l'école à l'autre bout de la ville ou qu'un Noir bénéficie d'une préférence à l'emploi ou à l'entrée à l'université, en réparation d'une injustice qu'eux-mêmes n'ont pas commise ; quand on leur dit que leur peur de la criminalité dans certains quartiers découle de leurs préjugés, le ressentiment grandit avec le temps.* »
>
> Barack Obama, 2008

ON PEUT DIRE que, dès sa première campagne présidentielle, Barack Obama avait parfaitement résumé ce qui allait devenir le thème de celle de Donald Trump huit ans plus tard. Cela montre, entre autres choses, que si le problème a été diagnostiqué, il n'a pas été résolu. Barack Obama s'adressait alors à la classe moyenne blanche, le fonds de commerce de Donald Trump.

En quoi diffère-t-elle de la classe moyenne noire ?

Statistiquement, les écarts sont bien moins marqués qu'on pourrait le croire : si les Noirs ont deux fois moins de chances de devenir riches et deux fois plus de risques d'être pauvres, leur richesse moyenne est à peu près la même.

L'anxiété de la classe moyenne…
et de quelques autres !

L'institut Pew a établi un pourcentage pour les trois segments de la classe moyenne, en fonction de leurs revenus.

Petite classe moyenne : 31 % des Blancs, 33 % des Noirs, 40 % des Hispaniques.

Classe moyenne moyenne : 51 % des Blancs, 48 % des Noirs, 47 % des Hispaniques.

Classe moyenne à revenus élevés : 17 % des Blancs, 17 % des Noirs, 12 % des Hispaniques.

La grande différence est que les Noirs ont actuellement, toujours selon une enquête de Pew, deux fois plus de chances que les Blancs de grimper vers une tranche supérieure, alors que les Blancs ont deux fois plus de chances de descendre.

Si les problèmes des minorités sont largement commentés, ceux des Blancs sont passés sous silence. Pourtant, 13 % d'entre eux vivent en dessous du seuil de pauvreté, d'une façon moins voyante, car ils sont souvent disséminés dans les petites villes et les campagnes loin du cœur de cible médiatique.

Il existe aux États-Unis un concept que l'on appelle le « *White Privilege* ». C'est la croyance, chez les minorités, que le fait d'être blanc constitue à lui seul un avantage injuste. Selon la définition donnée par Peggy McIntosh, l'une des initiatrices de ce concept, ils héritent à la naissance d'« un patrimoine invisible de biens ». En clair, les Blancs démarrent dans la vie avec une longueur d'avance. Cette idée, née dans les années 1930 et popularisée dans les années 1970, a du mal à passer aujourd'hui dans la partie la moins favorisée de la classe moyenne blanche, qui lutte pour sa survie et qui a vu ses « privilèges » s'évaporer.

Les Blancs modestes sont ceux qui ont le plus concrètement ressenti les conséquences des lois sur les droits civiques, avec notamment le « *busing* » auquel fait allusion la citation de Barack Obama.

Il s'agissait de transporter les enfants blancs en bus vers les écoles des quartiers noirs, et vice versa, pour mettre fin à la ségrégation dans les établissements publics. Des villes comme Boston, qui a une solide population de classes modestes blanches, se sont révoltées contre cette pratique. Les plus aisés ont échappé à ce chambardement en inscrivant leurs enfants dans des écoles privées.

L'Affirmative Action, ou discrimination positive, devenue loi fédérale sous le président Nixon, a donné une préférence aux minorités pour l'admission dans les universités et la fonction publiques. Après quarante ans de pratique, beaucoup trouvent que ce système n'est plus adapté à la réalité sociale, il a d'ailleurs été contesté devant la Cour suprême comme discriminatoire.

Le développement des nouvelles technologies et la grande récession de 2008 ont donné le coup de grâce à la petite classe moyenne en sapant ses deux piliers : un emploi stable et une maison. Des millions d'emplois intermédiaires ont été détruits au cours des quinze dernières années et n'ont été recréés qu'en partie, avec des conditions désavantageuses, ce qui produit un effet de trompe-l'œil sur les chiffres du chômage et mettent les Américains modestes en concurrence avec les immigrants.

La crise immobilière de 2008 a été un traumatisme difficile à comprendre en dehors des États-Unis, où le fait d'être propriétaire de sa maison marque à la fois le statut social et la sécurité financière. Les biens immobiliers sont en effet considérés comme « *equity* », c'est-à-dire la valeur sur laquelle on peut négocier des crédits, voire obtenir des liquidités. Avec l'effondrement du marché immobilier, beaucoup se sont retrouvés « sous l'eau », avec des dettes supérieures au prix de leur bien, et ils ont parfois tout perdu. La retraite étant financée en grande partie par capitalisation, les comptes n'ont plus été alimentés, ou ont été vidés pour compenser les pertes immobilières. Les études supérieures des enfants, quand on n'y a pas renoncé, ont été financées par des prêts qui vont peser pendant des décennies sur les intéressés ou leurs familles. Et tout cela a entraîné une partie de la classe moyenne dans une spirale descendante.

Cette situation n'est pas particulière aux Blancs : les Noirs qui sont surreprésentés dans les emplois publics ont également souffert lorsque les États ou les municipalités ont resserré leurs budgets. Les immigrants ont trouvé moins d'emplois ou ne sont plus venus.

Mais la grande colère de la classe moyenne blanche est motivée par le fait que non seulement ses épreuves ne sont pas reconnues, mais qu'elle est en quelque sorte considérée comme coupable, de cela et du reste !

« Quand les élus démocrates racontent une anecdote pour illustrer certaines situations emblématiques des États-Unis, le mauvais rôle est toujours attribué à un col blanc hétérosexuel. Il ne faut pas s'étonner que les cols blancs hétérosexuels ne soient pas enclins à voter pour un parti qui les identifie à la source de tous les problèmes du pays ! » (Jim Geraghty, *National Review.*)

Le politiquement correct en folie

> *« Le grand problème de ce pays est le*
> *politiquement correct. »*
> Donald Trump

S ur ce thème, Donald Trump joue sur du velours. À la question posée en août 2015 par l'institut de sondage Rasmussen : « Pensez-vous que le politiquement correct soit un problème aux États-Unis ? » il y a eu 71 % de oui.

Le politiquement correct n'arrive pas au premier rang des préoccupations des Américains, mais c'est une irritation constante qui se glisse dans tous les aspects de la vie quotidienne, en particulier le langage.

La deuxième question du sondage est encore plus éclairante : « Est-ce que les Américains bénéficient aujourd'hui d'une véritable liberté d'expression, ou doivent-ils faire attention à ne rien dire qui soit politiquement incorrect de peur d'avoir des ennuis ? » Là encore 72 % des personnes interrogées considèrent que la liberté d'expression est entravée par les précautions de langage.

Pour ceux qui se sentent ainsi bridés, Donald Trump, qui dégaine à tout va, a été un exutoire de choix, comme en témoigne cette employée retraitée d'une université interrogée par le *Washington Post* pendant un meeting de Donald Trump :

« Nous devions faire attention à chaque mot qui sortait de notre bouche, parce que nous avions toujours peur d'offenser quelqu'un, mais personne n'avait peur de m'offenser moi... [Donald Trump] dit ce que beaucoup d'Américains pensent mais craignent d'exprimer, parce qu'ils pensent que cela n'est pas politiquement correct, mais nous en avons assez d'être réduits à laisser tout le monde nous dicter ce que nous sommes censés penser et faire. »

Le politiquement correct touche à la fois ce que l'on ne peut pas dire et ce que l'on peut dire.

Prenons l'exemple des pronoms. À l'origine, il y en avait trois, *he, she, they* (il, elle, eux). Le terme masculin était employé comme générique, ce qui a été prohibé par les féministes vers 1970. Il fallait alors dire « *he or she* », il ou elle.

Trente ans plus tard, les transsexuels se sont estimés exclus et on a donc ajouté « *they* », ils. Mais cela a paru cavalier à certains et les grands esprits des campus ont produit une trouvaille, le pronom neutre : *zie* ou *ze*. Certaines grandes universités, comme celle du Tennessee ou Harvard, donnent à leurs étudiants la possibilité d'être désignés par le pronom de leur choix.

Les « *millennials* », terme qui désigne la génération des 18-35 ans, sont actuellement les principaux défenseurs du politiquement correct et lui ont donné un nouveau souffle avec les réseaux sociaux. Tout ce qui est perçu comme une transgression est immédiatement diffusé et dénoncé dans le vaste monde virtuel. Il en résulte ce qu'un sociologue a appelé un état d'« anxiété sociale », où chacun se surveille en permanence. Illustrant l'adage selon lequel « l'enfer est pavé de bonnes intentions », une initiative destinée à l'origine à lutter contre les clichés raciaux, culturels et sexistes, a abouti à une grande opération de victimisation d'une partie de la population, et de culpabilisation de l'autre.

Certains comiques, comme le fameux Jerry Seinfeld ou le comédien noir Chris Rock, se plaignent de ne plus pouvoir se produire devant un public d'étudiants, car chaque phrase offense quelqu'un dans la salle. Barack Obama lui-même, lors d'un discours devant les élèves d'une école de l'Iowa, au mois de septembre 2015, a lancé une charge contre les excès du politiquement correct :

« J'ai entendu dire que, sur certains campus, on refuse que quelqu'un qui est jugé trop conservateur soit invité à prendre la parole. Ou bien on ne veut pas étudier un livre dont le langage heurte les Noirs, ou véhicule quelque idée dégradante pour les femmes. Et je dois vous dire que je ne suis pas d'accord. Je ne suis pas d'accord avec le fait que, lorsque vous fréquentez à votre tour l'université, vous soyez chouchoutés et protégés au point de refuser d'entendre les différents points de vue. »

Les universités sont devenues le champ de bataille du PC (politiquement correct). Elles désignent comme micro-agressions, toutes les situations où un individu se sent offensé dans sa sensibilité. Pour en savoir plus, il faut consulter le site créé par l'université Columbia, à New York, baptisé www.microagression.com et sur lequel chacun peut répertorier ses contrariétés. Pour minimiser les micro-agressions, les étudiants réclament de plus en plus (et obtiennent) que les cours comportent des « *trigger warnings* » : des notes indiquant que tel passage pourrait susciter un sentiment de détresse car il se réfère à des événements négatifs comme les guerres, les maltraitances, la misogynie, etc., toutes choses hélas difficiles à éviter dans l'enseignement de l'histoire et de la littérature.

Lorsque l'inévitable se produit, les âmes sensibles peuvent aller se réfugier dans des « *safe rooms* », espaces de sécurité destinés à offrir un environnement réconfortant. Voici comment une tribune libre, publiée par le *New York Times* en mars 2015, décrit une « *safe room* » ouverte dans l'une des plus célèbres universités américaines, Brown :

« L'espace protégé était destiné à fournir un endroit où récupérer pour ceux qui auraient vécu certains commentaires comme "troublants" ou "déclencheurs". Dans la pièce, on trouvait des petits gâteaux, des albums à colorier, des appareils à faire des bulles, de la pâte à modeler, de la musique douce, des oreillers, des couvertures et des vidéos montrant des chiots en train de folâtrer. »

Il n'est pas inutile de rappeler que ce type de pièce n'est pas destinée aux enfants d'une école maternelle, mais à des étudiants d'une vingtaine d'années. Quand on pense que cette université du Rhode Island est l'une des plus prestigieuses et des plus chères du pays, on se demande si l'on doit davantage s'inquiéter de l'infantilisation de ses étudiants ou de la complaisance d'une institution qui n'hésite pas à collecter plus de 60 000 dollars par an auprès des familles ou des sponsors. Le politiquement correct universitaire touche un nerf sensible, car il est d'une certaine façon associé à ceux qui, par leur richesse, leurs relations ou l'Affirmative Action, ont le privilège d'entrer dans l'univers légendaire des campus les plus sélects. On imagine sans peine le ressentiment que peut éprouver la petite classe moyenne qui n'a pas les moyens d'envoyer ses enfants dans ces prestigieuses universités ni même à l'université tout court !

Lorsque le débat national reste pendant plusieurs semaines axé sur l'usage des toilettes publiques par les transsexuels, comme cela a été le cas au printemps 2016, et que même la Maison-Blanche s'en mêle, tous ceux qui se débattent avec les difficultés de la vie quotidienne ont l'impression que leur pays marche sur la tête. C'est à cela que Donald Trump fait écho en déclarant qu'il n'a « pas le temps d'être politiquement correct, et le pays non plus ». En dénonçant les manifestations du PC comme triviales, il gagne l'assentiment de la majorité, et il envoie le balancier encore plus loin en ne respectant aucun des tabous langagiers et comportementaux. Le système a ses limites et l'équation entre les soulagés et les outragés est l'une des clés de son destin politique.

Il arrive aussi que la guerre contre le politiquement correct, qui a si bien réussi à Donald Trump, se retourne contre lui lorsqu'il essaye de la transposer dans des domaines qui relèvent de la sécurité nationale. C'est ce qui s'est passé après la tragédie d'Orlando, où quarante-neuf personnes ont été tuées lors de l'attaque d'un club homosexuel, par un tireur se revendiquant de Daech. Donald Trump a accusé Barack Obama et Hillary Clinton d'avoir facilité cette attaque, car leur souci du politiquement correct les aurait empêchés de définir correctement la menace islamiste. Il pensait capitaliser sur la perplexité suscitée par la réaction de Barack Obama à une autre attaque terroriste, celle de San Bernardino, où un couple avait abattu quatorze personnes aux cris d'« Allah Akhbar ! » : il avait pendant vingt-quatre heures parlé d'un « drame sur un lieu de travail » sans mentionner l'extrémisme islamique. Mais la menace terroriste est un sujet trop grave pour être traitée d'une façon aussi triviale.

Le Donald en privé…
Un M. Tout-le-monde milliardaire

> *« Ce qui est drôle, c'est que je ne m'entends pas avec les gens riches. Je m'entends mieux avec la classe moyenne ou les pauvres qu'avec les riches ! »*
>
> Donald Trump

L'UNE DES FORCES de Donald Trump est de projeter à la fois l'image d'un homme d'exception, à travers sa réussite et sa fortune, et celle d'un homme ordinaire dans son comportement. L'Américain moyen peut retrouver en lui ses habitudes et ses fantasmes.

Vanity Fair, dans un de ses numéros des années 1980, avait fait le récit d'un dîner chez les Trump, dans leur villa de Mar-a-Largo, en Floride. Donald venait d'acheter cette résidence d'hiver de cent dix-huit pièces, qui avait appartenu à Marjorie Merriweather Post, l'héritière du *Washington Post*. C'était la rencontre du snobisme de l'establishment et du bling-bling de l'immobilier. La bonne société de Palm Beach, qui continuait à fréquenter la maison malgré le changement de propriétaire, était assise sous le plafond vénitien de la salle à manger, où la sophistication venait de trouver ses limites. L'assistance s'était vu servir le menu le plus plébéien qui soit : bœuf et pommes de terre. Et la majestueuse coupe en argent posée sur la table était remplie… de fruits en plastique. Ce dîner est une métaphore du style Trump : le milliardaire a des goûts simples !

Traditionnellement, les nouveaux riches américains essayent le plus vite possible de se couvrir du vernis de ce que l'on appelle « *old money* ». Au siècle dernier, des *self made men* comme Henry Clay Frick ou Andrew Carnegie sont devenus des mécènes et d'extraordinaires collectionneurs d'œuvres d'art. Trump n'a jamais eu de telles tentations. Il a déclaré un jour :

« J'ai toujours eu le sentiment qu'une partie de l'art moderne est une escroquerie et que les peintres qui ont le plus de succès sont souvent meilleurs vendeurs et promoteurs qu'artistes. »

Force est de constater que beaucoup d'Américains moyens pensent comme lui. Sa conception du luxe est celle qui prévaut dans les casinos : marbre, bronze et draperies à gogo.

De même, la fondation Trump ne parraine aucune galerie d'art ni soirée à l'opéra. Elle est dédiée à l'hôpital Saint-Jude, l'un des grands centres de cancérologie pédiatrique américains, où les jeunes patients sont soignés gratuitement.

Donald Trump n'est pas un mondain et, hormis les moments de représentation, sa vie est organisée comme celle d'un bon Américain, autour des deux grandes valeurs nationales que sont le travail et la famille. Il y a l'image que Donald Trump veut donner de lui : un playboy flamboyant qui mène la grande vie entouré de jolies filles. Et il y a celle qui transparaît, d'un homme quasi... ascétique.

Si Trump prétend avoir commercialisé la meilleure vodka du monde, il s'agit là d'une des nombreuses affirmations qu'il n'a pas personnellement vérifiées. Il ne boit pas une goutte d'alcool, ne fume pas et affiche une aversion profonde pour les drogues de toute sorte. Cette répulsion vis-à-vis des substances nocives lui vient d'un grand drame qui a marqué sa vie, la mort prématurée de son frère aîné, rongé par l'alcoolisme. Fred Trump Jr avait commencé à boire à l'université et avait fait jurer à son frère de ne jamais l'imiter. Donald a demandé la même chose à ses enfants. Il ne boit que du Diet Coke et les barres de friandises vendues au supermarché sont son seul vice alimentaire.

D'après les témoignages de ceux qui le fréquentent, son idéal de soirée réussie se résume à regarder la télévision chez lui, en mangeant un hamburger frites. À l'image d'un petit boutiquier, sa résidence principale se trouve au-dessus de ses bureaux, dans la tour Trump de Manhattan. C'est là que l'attend la Mme Trump du moment, dont il a très précisément défini le cahier des charges : « 84 % pour moi et 16 % pour les enfants ». S'il fréquente les boîtes de nuit, c'est pour s'y faire photographier entouré de célébrités et de jolies filles. Sa seule vraie passion est son travail auquel, de son propre aveu, il consacre toute son énergie, le reste venant comme un bonus offert par sa nature facile. Quand il ne travaille pas, il joue au golf, ce qui est aussi une façon de travailler puisque les golfs représentent une part de son empire. Ses parties sont un moyen de traiter ses affaires, mais c'est aussi là qu'il rencontre son petit cercle d'amis.

Pendant les débuts de sa campagne, son entourage était atypique, ce qui peut laisser penser qu'il ne s'attendait peut-être pas à aller aussi loin. Son staff était en partie issu de ses compagnies. Son plus proche collaborateur,

Corey Lewandowsky, avait été engagé sur un coup de tête deux ans plus tôt, alors qu'ils se connaissaient à peine. S'il comprenait parfaitement le phénomène Trump, ce jeune bras droit n'avait pas l'expérience des campagnes présidentielles et la collaboration n'a pas survécu à l'entrée dans la logique d'une élection générale : il a été limogé en juin 2016. En particulier, il avait manqué d'attention en suivant le décompte des délégués attribués directement par le parti, en marge du vote populaire. Lorsque la nomination a été à sa portée, Donald Trump a commencé à engager de vrais professionnels des campagnes électorales.

L'entourage politique de Trump est assez réduit, dans la mesure où il a pris soin d'offenser à peu près tous les membres de son parti (sans parler des autres !). Le seul proche qu'on lui connaisse dans la classe politique est le gouverneur du New Jersey, Chris Christie qui, après avoir échoué comme candidat, s'est mis très tôt dans le sillage du gagnant.

Il a peu de soutiens à Hollywood, hormis Clint Eastwood, ce qui n'est pas vraiment étonnant car le monde du cinéma a depuis longtemps pris en main la direction progressiste du pays. En revanche, Donald Trump rencontre plus de succès chez les sportifs. L'une de ses plus belles prises s'appelle Bobby Knight, inconnu sur la scène internationale, mais vénéré aux États-Unis pour avoir été le meilleur entraîneur de basket-ball universitaire. Trump ne pouvait pas trouver un soutien plus proche de l'Américain moyen !

Mais son vrai cercle rapproché est constitué par sa famille.

« J'ai grandi avec le rêve américain de partager ma vie avec une femme et des enfants, et ce n'est pas quelque chose que l'on rejette facilement. » (Donald Trump.)

Issu d'une famille de cinq enfants, Donald a voulu rééditer l'expérience, et il y est parvenu avec trois épouses, à qui, selon la rumeur, il aurait versé une prime à chaque naissance.

Ses trois aînés sont rapidement entrés dans l'entreprise familiale, dont ils se partagent la direction depuis le début de la campagne. La plus proche du patriarche est Ivanka, la fille née de son mariage avec Ivana. Malgré les excès et les déchirements publics de ses parents, Ivanka est une jeune femme d'affaires accomplie. Elle a créé sa propre société et épousé Jared Kushner, héritier d'une autre grande famille de l'immobilier new-yorkais, se convertissant au judaïsme pour entrer dans cette famille extrêmement pratiquante, qui est aussi l'un des principaux donateurs du Parti démocrate. Ivanka entretient une solide amitié avec Chelsea Clinton les deux jeunes femmes fréquentant les mêmes cercles mondains.

Les deux fils de Donald Trump et Ivana, Donald Jr et Eric, ont marché sur les traces de leur père en épousant de spectaculaires beautés. Donald Jr a poussé le mimétisme jusqu'à avoir, lui aussi, cinq enfants. Eric participe très activement à la campagne et s'occupe aussi de la branche hôtelière du groupe Trump, avec Ivanka. Donald Jr, entre autres choses, gère la fondation Trump. Les deux derniers enfants sont Tiffany, née du mariage avec l'actrice Marla Maples, et Barron, fils de la dernière épouse en date, Melania, tous deux encore trop jeunes pour entrer dans les affaires familiales.

Si le Donald semble avoir beaucoup de satisfactions avec ses enfants, les choses sont plus compliquées avec ses épouses.

« On dirait bien que c'est plus facile de m'occuper de mes affaires que de ma vie privée. », reconnaît-il.

En effet, la vie conjugale du Donald n'est pas une réussite exemplaire. Comme beaucoup de ses congénères new-yorkais, républicains ou démocrates, il semble toujours choisir le dernier modèle du même type de femme. La première et la deuxième, Ivana et Marla, lui ont coûté cher et ont souvent manqué de distinction. Elles se sont parfois insultées comme des harpies devant les journalistes ou sur les pistes de ski d'Aspen. Marla a néanmoins eu quelques mots aimables pour Trump au moment de sa lucrative séparation, déclarant qu'elle lui devait sa plus mémorable partie de jambes en l'air. Cette déclaration, qui a fait la une des tabloïds, était peut-être comprise dans le calcul de la pension alimentaire. La dernière Mme Trump, Melania, de vingt-quatre ans sa cadette, est une ancienne top model d'origine slovène. Elle se tient dans l'ombre, occupée par sa ligne de bijoux et de produits de beauté.

On ne peut pas en dire autant d'Ivana, skieuse et ex-top model tchécoslovaque, en qui Trump semblait avoir trouvé son double féminin. Pendant la durée de leur mariage, il l'a associée à ses affaires et malgré les pleurs et les grincements de dents qui ont marqué leur séparation, il semble avoir gardé un faible pour elle.

S'il avait été attiré par son physique spectaculaire, il a pu découvrir en elle une redoutable femme d'affaires ; quatorze ans plus tard, cette qualité s'est retournée contre lui, dans un divorce à grand spectacle résumé par cette désormais célèbre maxime : « Ne vous mettez pas en colère, prenez tout ! »

En fait, Ivana n'a obtenu « que » 20 millions de dollars.

Cette rupture, qui a contribué à faire la légende de Trump, peut être soit l'effet soit la cause d'une vision des femmes qui pèse lourd dans son image. Cela lui vaut en revanche la sympathie de certains hommes, pas forcément riches mais qui ont du mal à trouver leur place face à des femmes aux attentes contradictoires, comme le sont souvent les Américaines.

Trump, le mufle…
qui fait confiance aux femmes

« Il est beaucoup plus complexe que sa caricature. Les postes les plus importants dans son entreprise étaient occupés par des femmes, comme Barbara Res. Dans n'importe quelle entreprise, donner à une femme le poste de responsable des travaux était quelque chose de sidérant. Je ne connais pas un autre promoteur qui ait mis une femme à ce poste. Le respect pour les femmes était toujours présent. En dépit des commentaires qu'il fait maintenant – et Dieu sait pourquoi il dit des choses comme ça –, quand il a construit son empire, les femmes en étaient le pilier. »

Alan Lapidus, architecte
cité par le *New York Times*

> « *Ce qu'écrivent les médias n'a pas d'importance tant qu'on a avec soi une jeunesse avec un beau petit cul.* »
> Donald Trump

L'un des grands mystères de la personnalité de Donald Trump est son attitude très irrationnelle à l'égard des femmes, d'abord parce qu'elle est politiquement suicidaire. Pourquoi s'aliéner le segment majoritaire de l'électorat ? Les femmes représentent 50,8 % de la population et 53 % des votants : ce sont les pourcentages qui font et défont une élection. Elle est également incohérente puisque coexistent trois façons distinctes de les traiter : le machisme à travers ses propos insultants à leur égard – d'une manière ou d'une autre, elles ne font pas partie de sa vision du monde ; sa conduite paternaliste envers celles qui embellissent son univers, épouses et concurrentes de ses reality-shows ; enfin, totalement en contradiction avec les deux autres, sa promotion des femmes dans le domaine qui forme le cœur de son empire : le bâtiment. Là, le pragmatisme l'emporte sur la misogynie.

En dehors de l'univers professionnel, sa vision des femmes semble être restée bloquée dans la phase adolescente. Il en a fourni d'abondants exemples au cours de ses prestations chez son compère Howard Stern, animateur d'une célèbre émission de radio. Depuis le début des années 1990, il y va régulièrement se vanter de ses bonnes fortunes, sur le ton d'une conversation de comptoir.

Trump est un mufle. Il ne cache pas qu'il préfère les femmes jeunes et belles et ne se gêne pas pour signifier à certaines qu'elles ne le sont pas.

Son image de séducteur impénitent semble avoir été forgée en grande partie pour la galerie. Il a toujours conforté son ego en s'attachant la compagnie d'une jolie femme dès son adolescence. Plutôt beau garçon à cette époque et, comme la suite de son histoire l'a montré, plein de ressources, on peut se demander pourquoi.

Ce bon Dr Freud verrait-il une insécurité cachée chez Trump le playboy ? Curieusement, lorsqu'il évoque ses succès avec les femmes, il ne met jamais son physique en avant. Parlant de lui à la troisième personne, ce qui lui arrive souvent, il dit : « Les femmes trouvent son pouvoir aussi excitant que son argent. »

Jusqu'où a-t-il joué de ce pouvoir et de sa fortune ?

Au mois de mai 2016, le *New York Times* fait sensation en publiant une enquête qui explore les relations de Trump avec les femmes, un sujet dont ce journal, notoirement hostile au candidat, reconnaît l'ambiguïté : « Ce qui ressort de ces interviews [de femmes qui ont travaillé avec Donald Trump] est le portrait complexe et parfois contradictoire d'un homme riche, célèbre et provocateur, et des femmes qui l'entourent, un portrait qui défie les classifications simplistes. »

Son obsession à vouloir toujours apparaître entouré de jolies filles a trouvé un exutoire parfait dans l'une de ses activités : parmi les nombreux domaines de l'empire Trump, figurait jusqu'en septembre 2015 l'organisation des concours de beauté Miss America et Miss Univers. Comme certains milliardaires ouvrent un musée, lui offrait au public ses arts plastiques préférés : des filles en maillot de bain.

Donald Trump a-t-il « franchi la ligne rouge » avec les concurrentes, comme le dit le titre de l'article ? Difficile de le savoir, dans la mesure où le premier exemple cité a été vigoureusement démenti par l'intéressée, accusant le journal d'avoir déformé ses propos pour leur donner une connotation négative.

Il apparaît néanmoins, à travers plusieurs témoignages, que Donald Trump avait tendance à appliquer à cette compétition le principe des visites de chantier, en commentant sans ménagement l'apparence des jeunes candidates. Avec un avantage certain sur le bâtiment : des possibilités illimitées de drague, qu'il ne s'est pas privé de saisir.

Il semble que Donald Trump ait toujours eu du mal à concilier son attirance pour la beauté des femmes avec l'admiration qu'il peut avoir pour leurs qualités intellectuelles. En témoigne ce qu'il dit de sa première épouse et partenaire en affaires, Ivana : « J'ai su immédiatement qu'Ivana était différente de toutes les autres femmes que j'avais fréquentées [...] J'ai trouvé chez elle un mélange de beauté et d'intelligence incroyables. Je suppose que j'étais un peu naïf et que, comme beaucoup d'hommes, Hollywood m'avait mis dans la tête l'idée que l'on ne pouvait pas avoir les deux à la fois. »

Comme atout supplémentaire, Ivana ne s'est pas laissé impressionner ni par son mari ni par son beau-père, le redoutable patriarche, auquel Donald vouait une admiration sans bornes. À son exemple, il a reproduit une conception des rapports homme-femme datant des années 1950, où l'homme domine par la force et la femme par la ruse...

« En vieillissant, j'ai été aux premières loges, que ce soit dans les clubs ou les mondanités – j'y ai tout vu –, pour me rendre compte que les femmes sont plus fortes que les hommes.

Nos pulsions sexuelles font de nous des bébés. Certaines femmes se présentent comme le sexe faible, n'en croyez rien ! »

Mais dans ce domaine-là comme dans les autres, il a dépassé les idées de son père, qui n'a jamais compris pourquoi son fils avait confié à une femme, Barbara Res, la supervision de son grand œuvre : la construction de la Trump Tower de Manhattan. Cette femme au physique banal est restée son chef de travaux pendant douze ans. Elle a ensuite monté sa propre affaire et travaillé pour lui en tant que consultante. Au cœur de l'ascension de Donald Trump se trouve une autre femme, Louise Sunshine, aujourd'hui âgée de 75 ans, avec laquelle il s'est lié d'amitié alors qu'elle était trésorière du Parti démocrate pour l'État de New York. Pendant seize ans, elle a été son bras droit, avant de fonder sa propre entreprise immobilière. Les femmes représentent 47 % des employés des entreprises Trump et sont surreprésentées dans les postes à responsabilités. Jamais une plainte pour harcèlement sexuel ou discrimination n'a été enregistrée. Son actuelle plus proche collaboratrice est sa fille, Ivanka.

En fait, n'est-il pas représentatif de l'ambiguïté de la société américaine, qui a créé à la fois le concept de harcèlement sexuel et le magazine *Playboy* avec ses bunnies ?

Si les femmes américaines ont changé de regard sur leur rôle dans la société, beaucoup n'ont pas fait le même chemin avec les rôles masculins. On emploie toujours le terme « *provider* », pour désigner l'homme en tant que fournisseur de l'argent du foyer et il est possible que ce mélange de pouvoir et d'argent, dont Donald Trump a fait son image de marque, exerce une attraction chez celles qui, consciemment ou non, ont renoncé aux principes du féminisme. Mais les Américaines sont-elles vraiment aussi féministes qu'on le croit ? Là encore, une minorité militante produit un effet de trompe-l'œil. Revenons-en à nos bons vieux sondages.

Une enquête réalisée début 2016 montre que seules 17 % des femmes interrogées se décrivent comme résolument féministes et qu'un tiers ne le sont pas du tout. 46 % estiment que les hommes ne sont pas à blâmer pour leurs problèmes et la question « Pensez-vous que l'inégalité entre hommes et femmes est due à la discrimination ou aux choix que les femmes font pour elles-mêmes ? » les divise équitablement – 44 % dans chaque camp. On est loin de Betty Friedan ! Selon ce même sondage, 58 % des femmes interrogées disent que leur vote n'est pas déterminé par l'attitude du candidat à l'égard des femmes. Donald Trump semble œuvrer pour faire en sorte que les femmes changent d'avis sur ce dernier point. On dirait qu'il n'a jamais entendu parler du 19e amendement, qui a donné le droit de vote aux Américaines en 1920. Si cela ne semble pas avoir beaucoup influencé les primaires, fortement déterminées par la coloration politique, l'élection générale suit d'autres règles. D'autant plus que tout candidat républicain part avec un handicap, car les femmes ont tendance à se tourner du côté démocrate : l'écart a représenté presque 10 points en faveur de Barack Obama, lors de l'élection de 2012. L'attitude de Donald Trump tout comme la présence d'une candidate démocrate feront encore pencher la balance, et Dieu sait que rien ne sera tabou lors de la grande finale.

La politique est un *reality-show*

> *« Je vais dans l'une de ces émissions [politiques] et l'audience double, elle triple... Ce qui donne du pouvoir, ce ne sont pas les sondages, c'est l'audience. »*
> Donald Trump, *Time*

TRUMP EST EN PARFAITE ADÉQUATION avec l'époque de communication instantanée. Quelle qu'en soit l'issue, sa campagne restera dans l'histoire pour avoir sinon transformé, du moins définitivement installé le genre dans son statut de spectacle permanent, relié par les réseaux sociaux.

S'il l'a poussé à l'extrême, il ne l'a pas inventé. Dans les précédentes campagnes, on a assisté à une débauche de mise en scène et d'argent. L'avion de George W. Bush se posait au son de la musique de *La Guerre des étoiles* et Barack

Obama a prononcé son discours à la Convention de Denver devant des colonnes en polystyrène, en tribun antique.

Le coût des campagnes a augmenté exponentiellement au cours des quinze dernières années.

En 2000, George W. Bush a dépensé 185 millions de dollars ; son adversaire Al Gore, 120 millions.

En 2004, George W. Bush et John Kerry ont dépensé plus du double, respectivement 367 et 328 millions de dollars.

C'est en 2008 que le phénomène a explosé, avec la campagne de Barack Obama : 730 millions de dollars contre 333 pour son adversaire, John McCain.

En 2012, la campagne de Barack Obama s'est chiffrée à 683 millions de dollars, contre 433 pour Mitt Romney. Mais les règles ont changé et les candidats sont appuyés par des groupes de soutien (les super PAC) : si on prend en compte leur apport, dans les deux cas on dépasse le milliard de dollars !

Voilà donc le prix des nouvelles campagnes. Que peut-on s'offrir pour cette bagatelle ? Essentiellement une couverture médiatique. Dans un pays de 315 millions d'habitants, pas un seul n'échappe aux publicités de campagne, du plus grand média au plus confidentiel.

Cela coûte très cher, mais moins quand on s'appelle Donald Trump. Pendant le dernier trimestre de 2015 où il s'est retrouvé en tête de la course à l'investiture, il a dépensé 10 millions de dollars, contre 15 millions de dollars pour ses deux principaux concurrents républicains, Ted Cruz et Marco Rubio, et plus de 30 millions de dollars pour les deux principaux concurrents démocrates, Hillary Clinton et Bernie Sanders.

Comme l'écrivait le magazine *Forbes*, Trump n'a pas besoin d'acheter les médias, il est les médias !

« Une part de ma beauté tient à ce que je suis riche », se plaît-il à dire.

Trump peut s'en féliciter, car, lorsque la campagne entre les deux candidats présomptifs a vraiment démarré au mois de juin 2015, il s'est aperçu qu'il avait un problème de « cash ». Sa rivale Hillary Clinton avait amassé un magot de 45 millions de dollars, prêts à être convertis en attaques publicitaires contre lui. Cela représente à peine le dixième de la fortune de Trump, sinon qu'il ne peut pas convertir ses avoirs en liquidités en claquant des doigts. De plus, les milliardaires le sont devenus en évitant de dépenser leur propre argent.

Dans un premier temps, Donald Trump avait annoncé qu'il autofinancerait sa campagne, consolidant son image d'outsider. Il l'a fait à 75 % jusqu'à la fin des primaires, le reste étant assuré par de petites donations spontanées. L'argent puisé dans sa poche était prêté, et non donné à sa campagne, ce qui lui permettra peut-être de le récupérer sur d'autres financements. Si, dans sa stratégie de campagne, la nécessité de faire entrer de l'argent avant d'en avoir réellement besoin a été sous-estimée, cela peut indiquer que le Donald n'avait pas prévu d'aller aussi loin et aussi vite. Cette erreur a représenté un handicap pour lui et explique sans doute pourquoi il s'est séparé d'une partie de sa première équipe, dont son plus proche collaborateur, Corey Lewandowski.

Sur le plan personnel, à côté du candidat républicain, les Clinton font figure d'indigents avec leur patrimoine estimé à 120 millions de dollars, qui, d'ailleurs, ne sert pas à la campagne ; en revanche, ce sont les champions du « *fund raising* », la levée de fonds. Les candidats ne puisent dans leur fortune personnelle que lorsqu'ils ont le dos au mur, comme John Kerry qui avait hypothéqué la maison que sa femme, héritière de Heinz, lui avait offerte en cadeau de mariage. Les ambitions politiques ont été la danseuse d'autres milliardaires, comme Steve Forbes qui a englouti 69 millions de dollars de la fortune familiale lors de ses deux tentatives de nomination républicaine en 1996 et 2000. Ross Perot, lui, a perdu 71 millions de dollars comme troisième candidat du Parti de la réforme en 1992 et 1996.

Le budget de campagne finance en partie le grand barnum qui accompagne chaque déplacement des candidats.

Là encore, Donald Trump n'a rien inventé. Bien avant lui, on avait démontré combien il est facile de manipuler les foules. Lors des conventions, des panneaux s'allument au-dessus de la scène pour inviter l'assistance à manifester les émotions programmées : applaudissez, tapez des pieds, etc. Et pourtant, on a affaire à des délégués, donc des notables locaux ! Dans les meetings ordinaires, la foule est conditionnée pour huer le nom de l'adversaire et entrer en transe à la vue du candidat. On peut lui faire répéter les slogans les plus basiques. En 2004, à la seule mention du nom de George W. Bush, les supporters de John Kerry se mettaient à scander « *Like father, like son, one term and you are gone* » (« Tel père tel fils, un mandat et on s'en va »). En face, on agitait des sandales en criant « *flip-flop* » pour illustrer les volte-face de John Kerry (*flip-flop* désigne à la fois ce que l'on appelle en français des tongs et le fait de changer d'avis sans arrêt). Dans une atmosphère de concert de rock, Obama criait « *I love you back* » à la foule d'où montaient des « *I love you* »...

Mais aucun n'a reçu la formation de Donald Trump à la pratique du show-business.

L'apprenti... sorcier ?

> *« Je n'aurais jamais cru que virer soixante-sept personnes sur une grande chaîne de télévision allait me rendre populaire, surtout auprès de la jeune génération. »*
>
> Donald Trump

L A PLUPART DES CANDIDATS doivent s'inventer et Trump a déjà écrit sa légende. Il y a une quinzaine d'années, il a flirté avec l'idée de produire une série télévisée qui raconterait sa vie sur le mode de la fiction, pour la chaîne NBC. Le titre en était « The Tower ». Un pilote a été réalisé, mais les dirigeants de NBC n'ont pas été convaincus. Donald Trump a dû en garder une certaine nostalgie, puisqu'il a donné à son dernier fils le prénom du héros de cette fiction : Barron.

Trump a néanmoins fait carrière sur NBC avec l'émission « The Apprentice ».

Le concept est né dans le cerveau fertile du roi du genre, Mark Burnett, créateur aux États-Unis de « Survivor[1] », qui voulait créer une émission autour d'un homme d'affaires. Trump s'est imposé à lui alors qu'il passait devant la fameuse patinoire Wollman.

Il a d'abord fallu convaincre Trump lui-même, qui a accepté sur un coup de cœur et en dépit des conseils de son entourage. Il raisonnait déjà de la même façon que pour son actuelle campagne : si cela fait un flop, j'en tirerai toujours de la publicité gratuite pour mes affaires. Dans le cas contraire, il toucherait 50 % des droits et un cachet de 100 000 dollars par épisode.

Le projet a fait le tour des grandes chaînes de télévision avant d'atterrir chez NBC et le tournage a débuté en 2004. Donald Trump y est apparu brut de décoffrage, évaluant de jeunes yuppies censés postuler pour diriger ses affaires,

---

1. « Survivor » est la version américaine d'un jeu télévisé créé en Suède, dans lequel les concurrents sont lâchés en pleine nature et doivent survivre par leurs propres moyens. Ce programme, qui a connu un énorme succès aux États-Unis, a été le pionnier de la téléréalité.

avec deux options à la clé : « *you are hired* », vous êtes engagé, ou « *you are fired* », vous êtes viré.

L'opération a été un énorme succès à ses débuts, avec un net ralentissement sur la fin. Le show a été reconduit sur quatorze saisons, et une version avec des stars, « The Celebrity Apprentice », a vu le jour en 2008. Trump ne s'en est retiré que pour se consacrer à sa campagne présidentielle. Ce show a été, dans ses premières années, l'un des préférés des 18-49 ans, soit le cœur de l'électorat d'aujourd'hui. Il a aussi consacré le triomphe de ce que l'on appelle le « *branding* », l'installation d'une image. La phrase « *You are fired !* » est entrée dans le vocabulaire quotidien des Américains, et Trump est devenu l'homme des décisions rapides, capable d'évaluer une situation et de trancher de façon simple. On pourrait dire binaire.

Ce caractère binaire fait d'ailleurs partie de son karma : Trump ne semble pas éprouver ni susciter d'émotions intermédiaires. On est séduit par le personnage ou on l'abhorre, une simplification qui peut être déterminante en politique.

NBC et Donald Trump sont aujourd'hui engagés dans une séparation chaotique. NBC est la chaîne non câblée la plus regardée par le public hispanique, et après les propos insultants de Trump à l'égard des Mexicains, elle a rompu ses liens avec lui. Ce qui lui vaut un procès de l'intéressé.

Si Donald Trump a affirmé son image d'« homme qui fait » à travers la télévision, il avait, dès 1987, établi celle de l'« homme qui sait », grâce à son premier livre, *L'Art de la négociation*, qui est resté cinquante et une semaines sur la liste des best-sellers. Tous ses livres ne sont pas entièrement de sa main, sauf (officiellement) les deux derniers, consacrés à des réflexions sur l'état (lamentable) du pays. Les autres relèvent d'un genre extrêmement populaire, le développement personnel, sortes de guides pratiques dits « *self-help* » où l'on trouve des conseils pour devenir riche.

Trump,
un nom en or

*« Bâtir une marque est peut-être plus
important que de bâtir une entreprise. »*
Donald Trump

IL EST DEVENU à la mode de dire que Trump est un businessman raté. Rien n'est plus inexact. Quel que soit le jugement que l'on porte sur sa performance en politique, force est de reconnaître qu'il n'a pas trouvé la fortune de 4,5 milliards de dollars que le magazine *Forbes* lui attribue dans une pochette-surprise. De plus, cette fortune s'est faite sur l'un des marchés les plus compétitifs qui soient : l'immobilier de luxe à Manhattan.

Il est tout aussi faux de dire qu'il est, comme il le laisse entendre, un « *self made man* ». Ce rôle revient à son père Fred, un des treize enfants d'un couple d'immigrés allemands. Après avoir débuté comme charpentier, Fred est devenu un promoteur immobilier prospère, qui construisait des logements bas de gamme dans les quartiers modestes de New York. Il n'a touché le grand marché de Manhattan que par procuration, en prêtant à son second fils Donald le million de dollars qui lui a permis de créer sa propre entreprise. Fred Trump était un millionnaire, mais pas un bâtisseur d'empire. Il semble qu'il ait discerné chez son fils la vision qu'il n'avait pas lui-même. Depuis l'âge de 22 ans, Donald travaillait pour son père sur le marché de Brooklyn. Fred n'était pas un patron commode, si tant est qu'une telle chose existe. Il était connu pour sa radinerie et ne plaisantait pas avec l'éducation de ses enfants qui, dès leur plus jeune âge, donnaient un coup de main dans l'entreprise familiale pendant les vacances. Lorsque le jeune Donald a montré des signes de rébellion, il a été expédié dans une école militaire, où il s'est d'ailleurs senti tout à fait dans son élément… mais tout de même pas au point de partir pour le Vietnam. Il s'est fait réformer, tout comme Bill Clinton.

Les années 1970 ont été un tremplin pour le jeune Donald qui s'est lancé à la conquête de Manhattan en 1971, à l'âge de 25 ans. L'année suivante a été déterminante avec son premier mariage et son arrivée à la tête de l'entreprise familiale, qu'il a rebaptisée Trump Organization. Il avait des vues sur plusieurs emplacements et, en 1974, il a réalisé son premier grand coup en rachetant un hôtel décrépit sur un site en or, juste en face de Penn Station. Sur cet emplacement, il a construit ce qui est devenu le Grand Hyatt. Dans le même temps, il a lancé son premier complexe d'appartements à Manhattan, Trump Place. Mais sa grande œuvre est la Trump Tower, aujourd'hui le siège de sa compagnie. Trump avait pris une option sur le site d'un ancien grand magasin Art déco, démoli pour faire place à un gratte-ciel en verre de cinquante-huit étages, dont les trois derniers sont devenus sa résidence personnelle, avec une vue inégalable sur Central Park. Même si l'opération a été répétée dans plusieurs autres grandes villes, la Trump Tower de Manhattan est son enfant chéri. Donald Trump a multiplié par 4 500 ce qu'il appelle « le petit prêt » consenti par son père, d'ailleurs intégralement remboursé, intérêts compris. Si l'argent l'a aidé à démarrer, sa prospérité se fonde sur la technique de la négociation qui fait l'objet de son premier livre. Grâce à un mélange de flair, de culot et de séduction, il a su repérer les bons coups, naviguer dans les jungles administratives et persuader les financiers de le suivre, même après certaines foudroyantes erreurs de jugement. Rien qui ressemble à un profil d'enfant de chœur !

« Quelquefois, les meilleurs investissements sont ceux qu'on ne fait pas. » (Donald Trump.)

À la fin des années 1970, le New Jersey a légalisé les casinos et Trump a pris des options sur les terrains d'une petite ville balnéaire, Atlantic City. Il y a bâti deux casinos, le Trump Plazza et le Trump Castle. Mais il y a aussi commis la plus grosse erreur de sa carrière en prenant le contrôle du Taj Mahal, un établissement époustouflant, mais un gouffre financier. Après avoir négocié la faillite de cet établissement en 1991, le casino a rouvert sous le même nom avant d'être officiellement racheté par Donald Trump quatre ans plus tard, à travers l'une de ses sociétés, Trump Entertainement Resorts. Il y a accolé un hôtel de deux mille chambres, la Chairman Tower, en 2008.

On peut dire que Donald Trump ne s'est pas facilité la tâche. Atlantic City a décliné lorsque les deux États voisins du New Jersey, la Pennsylvanie et le Connecticut, ont décidé de toucher leur part du gâteau en légalisant le jeu.

Trump Entertainement Resorts s'est déclaré à nouveau en faillite en 2009. À ce moment-là, Donald Trump s'est prudemment dégagé de l'entreprise et n'a conservé que moins du tiers de ses parts.

Le plus grand flop de Trump a été sa compagnie aérienne, lancée malencontreusement en 1988, au moment où le prix du carburant montait en flèche. Il avait racheté, pour 365 millions de dollars, dix-sept Boeing 727 à la compagnie Eastern Air Shuttle pour en faire, sous le nom de Trump Airlines, une flotte de navettes de luxe, à l'heure où la tendance était de voler le moins cher possible. La compagnie a cessé d'exister en 1992.

Moins coûteuses ont été les brèves envolées d'une vodka haut de gamme et d'un jeu de Monopoly dont le thème était... Donald Trump. Au registre des produits défunts, on comptera encore un magazine à son nom, et une entreprise de vente de steaks... par correspondance !

En revanche, certaines de ses entreprises mineures sont toujours en activité. Par exemple, Trump a donné son nom à une ligne de parfums dont les senteurs de gingembre, de bambou frais et de géranium « capturent l'esprit de l'homme déterminé » (selon la publicité). Il possède aussi une ligne de vêtements avec cravates dorées et une autre de meubles tout en bronze et cuir blanc. De petits à-côtés, à la périphérie de ce qui constitue l'empire : trente-trois tours, neuf hôtels, dix-sept terrains de golf, le tout employant 22 000 personnes. Cet empire n'a pas été mis en sommeil pendant la campagne électorale. Les affaires sont gérées par les trois aînés du candidat, Donald et Eric Trump et Ivanka Trump Kushner.

La question est : que deviendrait tout cela s'il était élu président ? Donald Trump est à la tête de cinq cents compagnies. La loi qui oblige les membres du gouvernement non élus à vendre leurs parts dans des compagnies privées ne s'applique curieusement pas aux élus. Mais il est d'usage que le président confie ses avoirs à un trust qui les gère « en aveugle » pendant son mandat. Il semble difficile d'appliquer cette règle à l'empire Trump. S'il le laisse à ses enfants, cela constituera quand même un conflit d'intérêts !

Le dernier joyau de son empire hôtelier, le Trump International Hotel de Washington DC, est symboliquement situé sur Pennsylvania Avenue, qui relie la Maison-Blanche au Capitole. Le projet, dirigé par sa fille Ivanka, a pris deux ans d'avance pour ouvrir en septembre 2016 et coûté 200 millions de dollars, dont près du quart financé personnellement par Donald Trump. La Trump Organization a été en concurrence avec les grandes chaînes hôtelières internationales pour obtenir la concession de l'ancienne grande poste de Washington, un énorme bâtiment construit dans le style néo-gothique en vogue à la fin du XIXe siècle, à moins de cinq cents mètres de la Maison-Blanche. Les deux cent trente-cinq chambres, avec vue sur les monuments fédéraux, sont décorées en pur style Trump, une sorte de Louis XVI de casino. Quoi qu'il arrive, Trump s'est donc assuré de laisser sa marque dans le quartier !

Que l'on considère l'essentiel ou l'accessoire, les réussites ou les échecs, une constante se dégage : l'utilisation du nom de Trump pour construire ou vendre l'improbable. Son génie est d'être devenu lui-même le produit, dont il teste l'efficacité dans tous les domaines possibles et imaginables, avec un taux de réussite jusqu'à présent positif. C'est exactement ce qu'il fait en politique.

« *The thruthful hyperbole* », ou la communication selon Trump

> « *La presse raffole des histoires extrêmes.* »
>
> Donald Trump

> « *Bon sang, qui aurait cru que nous étions partis pour ce tour de piste ? L'argent coule à flots et c'est super. Je n'ai jamais rien vu de pareil, ça va être une très bonne année pour nous. Désolé, c'est triste à dire, mais vas-y Donald, continue comme ça !* »
>
> Instant de candeur de Leslie Moonves, président de CBS

A u printemps 2016, les médias américains se sont rendu compte qu'ils étaient victimes du syndrome de Frankenstein : ils avaient créé un personnage qu'ils ne maîtrisaient plus. Dans la bonne tradition, ils ont essayé de détruire leur œuvre avec le même enthousiasme, et avec un remarquable acharnement.

Lorsque les primaires ont démarré, Donald Trump cumulait cinq fois plus de temps de couverture que Jeb Bush et quinze fois plus que Ted Cruz sur les grandes chaînes du réseau télévisé, dont CBS. Et ne parlons pas des chaînes du câble.

Le *Huffington Post*, qui avait décidé de ne couvrir la campagne Trump que dans la rubrique spectacle, a vite fait machine arrière. De même qu'il n'a pas donné suite à la velléité de faire suivre chaque article d'un avertissement sur le caractère dangereux du candidat, tout comme les paquets de cigarettes mettent en garde contre les méfaits du tabac.

Malgré les cris d'orfraie et les vertueuses indignations, Donald Trump et la presse vivent une grande histoire d'amour. On pourrait même dire une relation sadomasochiste, car aucun candidat n'a autant maltraité la presse. Lors de ses meetings électoraux, les journalistes sont littéralement parqués dans des enclos, et un des rituels consiste à les faire huer par l'assistance. Pourtant, les victimes en redemandent. « *Reporters love the Trump beat* », titrait le *Washington Post* au début de la campagne, jouant sur le double sens de

« *beat* », la cadence et la castagne. Lorsque des manifestants viennent perturber les réunions électorales de Trump, on se demande s'ils ont conscience de lui offrir du temps d'antenne gratuit.

Donald Trump connaît ses clients. Un journaliste du *Washington Post* raconte que, un jour, il a récité les noms de tous les collaborateurs du journal qui suivaient la campagne, listant d'un côté ceux qu'il considérait comme objectifs et de l'autre ceux qui l'avaient offensé, dates et contenu de leurs écrits à l'appui.

Sa connaissance du fonctionnement des médias en campagne lui permet de comprendre qu'il faut leur mâcher le travail : Trump twitte à tour de bras, offrant ainsi un flot permanent de citations. Avec celles qui offensent, il atteint un double objectif : on en parle, puis on en reparle pour dénoncer une mauvaise interprétation. On peut s'étonner de l'absence de recul entre le bref moment où une provocation est proférée et celui où elle rebondit avec fracas dans la presse. Mais cela fait partie d'un système que Trump exploite de main de maître.

Les livres publiés par les candidats ou élus politiques sont rarement de grands moments de littérature, mais il reste dommage que l'on ne se donne pas davantage la peine de les lire, car ils fournissent généralement la clé de la manipulation de l'opinion. Dès 1988, dans son premier livre, *L'Art de la négociation*, Donald Trump expose clairement la méthode de communication qui fait son succès aujourd'hui et lui donne même un nom : « *The truthfull hyperbole* », la vérité par l'hyperbole.

Sémantiquement, l'association est absurde puisque l'hyperbole est une exagération de la vérité. En revanche le système est logique sur le plan de la communication.

« Je joue sur les fantasmes des gens, ils ne pensent pas toujours grand eux-mêmes, mais c'est très excitant de voir quelqu'un qui pense grand… Un peu d'hyperbole n'a jamais fait de mal. Les gens veulent croire qu'une chose est la plus grande, la plus impressionnante, la plus spectaculaire… C'est une forme innocente d'exagération. »

Il ne faut pas oublier que lorsqu'il écrit ou signe ces lignes, Donald Trump est un promoteur immobilier, dans le créneau très encombré des années 1980, et qu'il fait de la retape.

Quelle différence avec les politiciens ordinaires ? peut-on se demander. Est-ce que l'hyperbole n'est pas la matière première d'une campagne électorale ? Personne depuis Churchill ne promet de la sueur, du sang et

des larmes, ni même un petit effort ! La différence est que Trump a poussé l'habillage électoral au niveau du grand art avec l'expérience
de quelqu'un qui a réussi à naviguer par la
parole « *talk his way* », dans des situations plus
épineuses qu'un débat politique.

Sa technique consiste à ne jamais s'aventurer
dans la complexité ou l'abstraction. Il ne disserte
pas sur l'immigration clandestine, il dit : « Nous
allons construire un mur et envoyer la facture
au Mexique. » Alors qu'Hillary Clinton s'em-
brouille dans des démonstrations techniques
pour prouver sa connaissance des dossiers, il
résume son programme sous forme de slogans :
« Nous allons avoir une armée si puissante que
nous n'aurons même pas à nous en servir ! »

Quand l'hyperbole
se retourne contre lui

S I TRUMP DISTRIBUE généreusement les insultes comme « face de chien » (une femme), « criminels » (les Mexicains), « traîne-savates » (les journalistes) et demande que l'on interdise l'entrée du pays aux musulmans, il reçoit une tout aussi généreuse contrepartie.

Si de tels propos provoquent évidemment l'indignation, ils génèrent également des réactions qui relèvent de sa fameuse théorie des « *truthfull hyperboles* ». Trump a été traité de nazi et de fasciste aux États-Unis où ces références historiques sont floues, mais aussi dans des pays européens qui sont censés connaître la portée de ces termes.

Le candidat ne pouvait pas ignorer qu'il allait alimenter cet amalgame en préconisant des déportations massives et en invitant les participants d'un de ses meetings à lever le bras, dans un geste qui rappelle fâcheusement le salut nazi. Il ne peut pas non plus impunément traiter des femmes de « face de chien » ou de « cochonnes », sans être accusé de misogynie pathologique.

Sa carrière de businessman est exempte de ce type de provocations, Trump n'ayant pas eu à répondre d'attitudes racistes ou discriminatoires. À ce jour, aucun employé n'a témoigné de problèmes dus à son origine, sa race, son genre ou ses orientations sexuelles, dans un pays où les grandes entreprises sont, dans ce domaine, surveillées par la justice.

On l'accuse aujourd'hui d'antisémitisme, mais dans le passé il a été très proche des mouvements pro-Israël aux États-Unis. Sa propre fille s'est convertie au judaïsme.

Si Trump a laissé cette situation s'installer, par complaisance, c'est sans doute un autre effet de son calcul de l'efficacité par l'hyperbole. Mais c'est aussi un angle de campagne extrêmement risqué dans une élection générale.

« La bonne publicité est préférable à la mauvaise, mais, si l'on va au fond des choses, une mauvaise publicité est parfois préférable à pas de publicité du tout ! La controverse, en un mot, fait vendre ! »

Pourquoi fait-il ça ?

« Si je ne m'étais pas comporté comme je l'ai fait, je ne pense pas que nous aurions réussi ! »

LES SUPPORTERS aussi bien que les adversaires de Trump sont toujours pris de court par sa dernière sortie. Par moments, il semble souffrir d'un syndrome de Gilles de la Tourette politique.

Quand les autres candidats sont tétanisés par la peur d'un dérapage verbal, lui cultive le genre.

Ses adversaires ont perdu beaucoup de temps et d'énergie à essayer de comprendre cette stratégie, à s'indigner et expliquer qu'il est la honte du monde politique. Ce qui lui rend plutôt service, dans la mesure où ses soutiens n'ont pas une grande estime pour le monde politique.

Si le langage Trump semble relever du dérapage incontrôlé, cela ne veut pas dire qu'il ne maîtrise pas son message.

La campagne de Trump n'obéit qu'à une règle : ça passe ou ça casse.

Comme nous l'avons vu ailleurs, Trump applique les impératifs du marketing, pas ceux de la politique. Il étudie les besoins de la clientèle et fournit le produit adéquat, avec un service après-vente limité au lendemain de l'élection.

Véritable « *control freak* », monstre du contrôle, lorsqu'il s'agit de son image, il ne veut pas projeter celle d'un politicien, mais celle d'un patron. Et, contrairement aux Français, les Américains aiment les patrons : la réussite fait figure d'idéal national.

Dans la mesure où il est aux commandes, Donald Trump dit ce qu'il a envie de dire, quand il veut le dire et, ensuite, s'il en a envie, il se contredit. En bon champion de ce que les New-Yorkais désignent, avec une certaine admiration, d'un mot yiddish : la *chutzpah*, entre l'audace, l'arrogance et le culot.

L'une des grandes forces que Trump a développée pendant sa carrière d'homme d'affaires consiste à transformer les échecs apparents en victoires. Par exemple, en Californie, au mois d'avril, lorsque des manifestants hostiles ont cerné un hôtel où il devait prendre la parole devant le gratin local du Parti républicain. Le Donald a dû être débarqué sur une bretelle d'autoroute et la télévision l'a montré escaladant un muret avec sa suite et crapahuter vers sa destination. Certains auraient été bien embarrassés, mais lui est arrivé triomphant dans la salle : « J'avais l'impression de franchir la frontière ! » – allusion au mur qu'il veut construire à la limite du Mexique.

Donald Trump fait toujours ses entrées en cortège et en majesté avec de grosses voitures noires dont il sort en saluant la foule d'un geste qu'il a dû emprunter à des familles régnantes.

Il ne se livre pas aux mêmes pitreries que les autres candidats pour gagner le cœur des électeurs, il n'embrasse pas les bébés – on se souvient de ses propos, considérés comme sacrilèges dans le monde politique : « J'aime mieux faire les enfants que les élever, c'est plus marrant ! » Sa femme ne lui tient pas la main en public et il s'abstient des effusions verbales du genre : « Ce que j'ai fait de mieux dans la vie, c'est de la rencontrer, et j'ai eu de la chance qu'elle veuille bien de moi. » Il fait crédit à ses interlocuteurs de savoir à quoi s'en tenir sur ce point. Dans les apparitions très photogéniques de sa famille sur les podiums des soirs de victoire, tout le monde est rangé en ordre militaire et les petits-enfants restent soigneusement sous le contrôle de leurs mères.

Il n'a pas de chien, ou alors la bête est bien cachée. Ce n'est pas lui que l'on photographierait dans la rue allant faire ses courses en pantoufles, ou dans sa cuisine à couper des légumes. Donald Trump n'apparaît en photo qu'en costume sombre ou en tenue (très sobre) de golf, toujours dans le décor impressionnant de son bureau avec vue sur Manhattan ou devant les marbres du salon d'apparat de son appartement.

Il ne goûte pas aux spécialités des restaurants locaux. D'ailleurs, on ne le voit jamais en train de manger, ce qui lui épargne des clichés pénibles dans le goût de celui qu'il a lui-même twitté avec des commentaires assassins : son concurrent John Kasich, la moitié d'un énorme sandwich s'échappant de sa bouche. On ne verra pas plus Donald Trump en train de commander une pizza que la reine d'Angleterre faire la queue chez Papa Jones. Son style est à mi-chemin entre le monarque et le chef de meute, « *My way or the highway* ».

Les électeurs trouvent sans doute un certain réconfort dans cette absence d'hypocrisie,

chez un homme dont l'ambition n'est pas
d'organiser un barbecue dans leur jardin mais
de tenir les commandes du pays.

Think positive !

Même ceux qui voudraient qu'il en soit autrement reconnaissent que les meetings de campagne de Donald Trump dégagent une certaine euphorie. Il est le champion du concept très américain de « *self-estim* », l'estime de soi, que l'on doit cultiver afin de perpétuer l'optimisme des pionniers lancés à la conquête des vastes espaces inconnus pour faire de ce pays la première puissance de la planète.

Pour franchir les Rocheuses en convoi, sans savoir ce qu'il y avait de l'autre côté, il ne fallait pas être tourmenté par le doute. Manifestement, le candidat ne l'est pas plus.

Il se peut qu'il ait puisé cet optimisme dans sa fréquentation de la Marble Collegiate Church, l'Église fondée à Manhattan par l'apôtre de la pensée positive, Norman Vincent Peale. Le père de Donald, Fred Trump, avait pris l'habitude d'emmener sa famille écouter ce prêcheur, dont le message extrêmement populaire était diffusé dans tout le pays. Donald Trump le présente comme son inspirateur, mais on ne sait pas vraiment quelle a été la profondeur de leurs échanges puisque le révérend est mort en 1993.

Peale a, en quelque sorte, lancé la mode des pasteurs charismatiques qui remplissent des stades et réalisent de remarquables scores d'audience à la télévision, en incitant leurs fidèles à croire en eux-mêmes autant qu'ils croient en Dieu. En 1952, il a publié un best-seller qui s'est vendu à 5 millions d'exemplaires : *Le Pouvoir de la pensée positive*, une version américanisée de la méthode Coué, fondée sur la répétition de phrases optimistes et la croyance que, quelles que soient les situations, on finira par en sortir par le haut. Si Norman Peale a été désavoué à la fois comme théologien et comme psychologue, Donald Trump semble lui donner raison *a posteriori*.

Il a d'ailleurs lui-même recyclé la pensée positive dans ses livres, qui énumèrent une série de maximes semblables à celles, brodées sur des coussins ou gravées sur des plaques en bois, que l'on trouve dans les magasins de souvenirs :

« Si vous devez penser, pensez grand. »

« Ce qui sépare les gagnants des perdants est leur réaction à chaque nouveau tournant de leur destinée. »

Aux États-Unis existe une véritable industrie de la motivation. La grande marque de papeterie Hall-mark, par exemple, emploie cinquante rédacteurs à temps plein pour rédiger des messages positifs sur des cartes postales. Donald Trump s'est positionné sur ce marché, avec un plus : il en est lui-même l'inspiration.

Il ne s'est jamais laissé déstabiliser, du moins en apparence, par ce qui lui est arrivé, ni par ce que l'on dit de lui. Il a survécu à quatre faillites dont il est sorti chaque fois plus riche, et à deux mariages ratés. Peu de personnages publics ont été autant brocardés et sous-estimés, mais la seule opinion qui semble lui importer est celle qu'il a de lui-même.

Si les politologues étaient prêts à une cure d'humilité, ce qui est peu probable, Donald Trump pourrait leur ouvrir un spa dans l'un de ses resorts. On pourrait remplir une bibliothèque avec les commentaires de ceux qui l'ont enterré prématurément, parfois avec obstination, comme Dana Milbank dans l'édition dominicale du *Washington Post*, le 2 octobre 2015 :

« Je suis tellement certain que Trump ne remportera pas la nomination que je mangerai mes propres mots si cela arrivait. Littéralement : le jour où Trump sera officiellement désigné [comme candidat républicain], je mangerai la page du *Sunday Post* sur laquelle cet éditorial est imprimé. »

Il a effectivement mangé son éditorial en mai 2016, la page ayant été découpée en petits morceaux et mêlée à un repas cuisiné par un restaurateur de Washington.

La méthode du Donald,
ou comment Trump
a éliminé ses concurrents

« J'ai dit que Jeb Bush n'avait pas beaucoup d'énergie, et, malheureusement pour lui, cela lui a collé à la peau. C'est vrai qu'il n'a pas beaucoup d'énergie, cela n'en fait pas un mauvais homme. »

Donald Trump

Dans l'émission « The Apprentice », Donald Trump animait les éliminatoires, qui reposaient en grande partie sur le profil psychologique des candidats. Pourquoi n'aurait-il pas appliqué cette méthode à ses concurrents dans la campagne ? Dès le début, il a compris que leur programme n'était pas leur point faible : au stade des primaires, qui examine ces catalogues de bonnes intentions ? En revanche, c'est à ce moment-là que les candidats fondent leur image, et donc le moment pour frapper car le soupçon ou le ridicule auront alors laissé leur empreinte.

Au commencement des primaires républicaines, dix-sept candidats s'étaient octroyé un profil présidentiel. Cinq n'ont pas tardé à déchanter et sont sortis de la course avant même le coup d'envoi. Le Donald n'a pas eu à épuiser ses munitions sur eux. Restaient donc douze prétendants, dont six ne sont pas revenus en deuxième semaine. Le Donald a ciblé les survivants un par un, en visant là où cela faisait mal. Si le coup ne produisait pas toujours l'effet attendu, le contre-coup, lui, atteignait tôt ou tard sa cible. Voici quelques exemples de ses exécutions les plus spectaculaires.

Carly Fiorina était la seule femme de la meute. Trump aurait pu l'attaquer sur ses échecs politiques ou professionnels, son passage à la tête de Hewlett-Packard s'était soldé par le licenciement de 30 000 employés et elle avait été battue à l'élection sénatoriale de Californie. Avec la galanterie qui le caractérise, son rival a préféré s'attaquer à son apparence : « Regardez son visage, est-ce que c'est le visage d'une présidente ? » Il s'est corrigé plus tard, expliquant qu'il faisait simplement allusion à son air renfrogné. Cette remarque lui a valu une vague de fureur féminine, mais, dès lors, les Américains ont conservé de son adversaire l'image de quelqu'un qui vient de manger un citron, comme on dit aux États-Unis. Une semaine plus tard, Carly a quitté la course, elle y était rentrée malencontreusement en acceptant de devenir la vice-présidente présomptive de Ted Cruz, au moment précis où celui-ci perdait ses chances de devenir président. La scoumoune étant enclenchée, elle est tombée de l'estrade lors de l'un des derniers meetings de campagne de Ted Cruz et il ne s'est même pas baissé pour l'aider à se relever… comme le Donald n'a pas manqué de le faire remarquer.

Jeb Bush partait avec le handicap lié à son nom de famille. Donald Trump ne s'est pas privé de dire tout le mal qu'il pensait de la politique de George W., mais cela n'a pas été sa ligne d'attaque principale. Il a choisi de montrer son concurrent sous un angle qui n'a jamais suscité la sympathie : celui du garçon vertueux et mollasson qui fait périr d'ennui son entourage. Le coup fatal a été le tweet d'une photo où l'on voyait Jeb Bush assis tout seul devant un gâteau d'anniversaire, le message subliminal étant : il est tellement ennuyeux qu'il a fait fuir les invités ! Il faut bien dire que Jeb n'a jamais été un joyeux drille – George a parfois laissé entendre qu'il était la tête de Turc de ses frères et sœur. Jeb Bush a abandonné la course deux semaines après le début des primaires.

Mario Rubio était l'espoir du Parti républicain. Ce bon père de famille âgé de 45 ans, hispanique, a remporté de façon spectaculaire le siège de sénateur de Floride en 2010. Souriant, plutôt beau garçon dans le registre enfant de chœur, il est aussi… plutôt petit. Dès le début, Trump l'a surnommé « petit Mario ». Immédiatement, ceux qui n'y avaient pas encore pensé lui ont attaché l'image du personnage sautillant du jeu vidéo « Mario Bros ». Mario Rubio a jeté l'éponge le 10 mars, après un échec dont aucun candidat ne peut se relever : il avait perdu son propre État, la Floride, au bénéfice de Donald Trump, bien sûr.

Ted Cruz a été le plus coriace, résistant jusqu'à la bataille de l'Indiana, le 3 mai et donnant du fil à retordre à Trump. Sénateur du Texas depuis 2013, Cruz a réussi à se faire plus d'ennemis en trois ans que beaucoup d'autres pendant toute une carrière. Lui-même a reconnu qu'il devrait embaucher un goûteur pour ses dîners au Sénat, tant il y a de personnes qui rêvent de l'empoisonner. Sa capacité de nuisance s'est étendue à la Chambre des représentants, où il a contribué à briser la carrière du président de cette assemblée John Boehner, en orchestrant la paralysie du gouvernement en 2013. Il ne faut pas s'étonner que celui-ci l'ait traité de « misérable fils de p... » et d'« incarnation de Lucifer ».

Au registre des insultes, Trump n'avait plus rien à ajouter. Mais il avait déjà une autre idée : la double nationalité du candidat. Ted Cruz est né au Canada, d'un père cubain et d'une mère américaine. Trump avait déjà exploité cet argument avec Barack Obama en prétendant que le président était en fait né au Kenya, ce que contredit son certificat de naissance. Ted Cruz, lui, est sans conteste né à l'étranger. Cela l'aurait-il disqualifié pour la présidence ? Tout dépend de l'interprétation de la Constitution, qui stipule que le président doit être un citoyen américain « *natural born* », sans plus de précisions. Il aurait pu y avoir une bataille juridique à ce sujet, mais le plus gênant est que Ted Cruz n'a renoncé à sa nationalité canadienne qu'en 2014, lorsqu'il a envisagé d'être candidat à la présidence. Il a déclaré avoir ignoré sa double nationalité, jusqu'à ce qu'un journal de Dallas soulève la question. Pour un diplômé de la prestigieuse école de droit de Harvard et ancien avocat de l'État du Texas, cela montre

une singulière méconnaissance des lois de l'immigration ! Donald Trump l'a surnommé « *Lying
Ted* », Ted le menteur !

Trump républicain...
quand cela l'arrange !

> *« Dans de nombreuses situations, je m'identifie davantage aux démocrates. »*
>
> Donald Trump, 2004

CETTE CITATION est moins étonnante, quand on se souvient que, à cette époque, Donald Trump figurait sur les listes électorales comme démocrate, après avoir été républicain jusqu'en 1999, puis indépendant pendant deux ans, avant de revenir à ses premières amours en 2009.

Avant 2010, son argent allait majoritairement au Parti démocrate. Il a fait des dons pour toutes les campagnes sénatoriales d'Hillary Clinton et offert 100 000 dollars à la fondation Clinton.

Ces va-et-vient politiques ne sont pas vraiment rares aux États-Unis, surtout quand un poste électoral est en jeu. Ronald Reagan avait été militant démocrate et Michael Bloomberg, après toute une vie de démocrate, a changé de camp en 2001 pour maximiser ses chances de remporter la mairie de New York.

La ligne idéologique de Trump a été guidée par les mêmes motivations. Il n'a pas décidé un beau matin de 2015 d'entrer dans la course à la présidence. Il y pensait depuis des années, voire des décennies.

Il semble que l'idée ait germé pendant la campagne de 1988 – l'année précédente, il avait acheté pour 90 000 dollars d'espaces publicitaires dans le *New York Times* afin de critiquer la politique, à son avis trop complaisante, de Ronald Reagan à l'égard de l'Union soviétique. Il s'était même fendu d'un voyage à Moscou, où il avait été reçu par Mikhaïl Gorbatchev. Nanti de ce viatique politique, il avait fait une tournée d'exploration dans le New Hampshire où se préparaient les primaires. La presse l'avait suivi avec un enthousiasme prémonitoire à la lumière de ce qui se passe aujourd'hui, quelque trente ans plus tard. En fait, il semble que l'opération ait surtout été destinée à la promotion de son livre *L'Art de la négociation*, qui sortait au même moment.

Sa première véritable intervention a eu lieu en 2000, quand il a quitté le Parti républicain pour faire de l'entrisme dans le Parti de la réforme, dont Pat Buchanan briguait l'investiture.

Le Donald a largement occupé les médias et ce qu'il disait de Buchanan ne manque pas de sel dans le contexte actuel : « Buchanan est un admirateur d'Hitler, ce gars est antisémite, il n'aime pas les Noirs, il n'aime pas les gays. » Finalement, après examen de la situation, Donald Trump s'est retiré, car il ne croyait pas dans les chances d'un troisième parti.

Lors de l'élection suivante, en 2004, il lançait à peine son show télévisé « The Apprentice » et a laissé de côté la politique.

En 2006, il a fait courir le bruit qu'il pourrait être intéressé par le poste de gouverneur de l'État de New York, mais n'a pas donné suite. Un an avant l'élection présidentielle de 2012, il a entamé une campagne officieuse. Dans une interview au *Des Moines Register*, il dit ses regrets d'avoir renoncé prématurément, car « Obama aurait été plus facile à battre qu'Hillary ! »

À ce moment-là, il était rentré dans les rangs républicains et comptait bien s'y installer si l'on en juge par les sommes énormes qu'il a données au parti. Il a aidé à financer les campagnes de trente-quatre candidats lors du *midterm* 2014. Mais il a gardé un vieux fond de doctrine démocrate, que ses adversaires conservateurs républicains, tels que Ted Cruz, n'ont pas manqué d'exploiter. Par exemple, il s'est prononcé à de multiples reprises avant sa campagne en faveur du libre choix des femmes en matière d'avortement, du contrôle des armes à feu et d'un système de santé universel ; autant de déclarations qui l'obligent aujourd'hui à quelques contorsions !

Dans *L'Art de la négociation*, il raconte cette anecdote :

« Après avoir perdu l'élection contre Ronald Reagan, Jimmy Carter est venu me voir dans mon bureau. Il m'a dit qu'il cherchait des contributions pour financer le musée de sa présidence. Je lui ai demandé quel montant il avait en tête, il m'a répondu : "Donald j'apprécierais vraiment que vous donniez 5 millions de dollars." J'étais stupéfait, je ne lui ai même pas répondu. Mais cela m'a appris quelque chose. Jusque-là, je n'avais jamais compris comment Carter avait pu devenir président. J'avais la réponse : aussi peu qualifié qu'il ait été pour le poste, Jimmy Carter avait les nerfs, l'estomac et les couilles de demander quelque chose d'extraordinaire ! »

None of the above...
(Aucun des deux...)

> « *Hillary Clinton et Donald Trump peuvent se réjouir à l'idée qu'"aucun des deux" ne sera investi pour l'élection de novembre. Si c'était le cas, ils seraient sûrement battus tous les deux.* »
> *Chicago Tribune*

JAMAIS LES ÉLECTEURS ne se sont autant rebellés contre les deux grands partis qu'en 2016. Un début de campagne avec un Bush et un Clinton de chaque côté ne pouvait qu'évoquer le film *Un jour sans fin*, dans lequel un malheureux présentateur de météo est condamné chaque matin à revivre la journée de la veille. La question Bush a été rapidement réglée, malgré l'argent et le nom. On ne peut même pas dire que le pauvre Jeb se soit crashé : il n'a jamais décollé ! Hillary Clinton s'en tire mieux, mais si l'on considère son point de départ, l'ampleur de la chute est aussi grande.

Imaginez une élection où on ne vote pas « pour » un candidat, mais « contre ». C'est ainsi que se présente le cru 2016. Ce phénomène porte un nom : « *none of the above* » (« aucun des deux »).

Il n'y a pas eu besoin d'attendre la fin des primaires pour découvrir le plus improbable des scénarios : c'étaient désormais les deux candidats les plus détestés, aussi loin que remontent les sondages, qui allaient s'affronter jusqu'au dénouement de la présidentielle ! En effet, six électeurs sur dix reconnaissaient qu'ils n'aimaient ni Donald Trump, ni Hillary Clinton et que, s'ils devaient voter pour l'un des deux, ils le feraient par défaut parce qu'ils ne supportaient pas l'autre. On a vu soutiens plus enthousiastes. Généralement, un candidat avec une cote de popularité aussi basse n'atteint même pas l'investiture. Et, s'il est investi, il perd l'élection – ce qu'ils ne peuvent pas faire tous les deux !

Si l'aversion qui existe envers Donald Trump a été largement chroniquée, celle envers Hillary Clinton a pris des proportions inattendues. Après tout, Trump n'était pas censé être candidat, alors que Clinton s'imposait presque naturellement... et c'est bien là que le bât blesse.

None of the above… (Aucun des deux…)

En janvier 2001, les Clinton ont quitté la Maison-Blanche à reculons, en laissant entendre qu'ils y reviendraient à la première occasion. Celle-ci ne s'est pas présentée aussi vite qu'ils l'attendaient, puisque Barack Obama a eu l'audace de rafler l'investiture à Hillary en 2008. Elle avait péché par excès de confiance en s'autoproclamant future présidente avant que les électeurs aient eu le temps de dire leur mot. Et, de façon fascinante, elle a réitéré l'erreur huit ans plus tard. Cette fois-ci avec plus de conviction, puisque son assurance a dissuadé la plupart des autres candidats démocrates d'entrer dans l'arène. Qui s'attendait à ce que son adversaire le plus tenace soit Bernie Sanders, un obscur septuagénaire sénateur du Vermont ?

Hillary Clinton pariait sur une série d'*a priori* qui ne sont pas vérifiés. Le premier est qu'après avoir élu le premier président noir, les électeurs américains allaient continuer leur croisade contre les injustices de l'histoire avec la première femme présidente. Le second était de jouer sur le nom de Clinton, associé à la dernière période où les Américains se sont sentis prospères et en sécurité, avant les attentats du 11-Septembre. Malgré les vaillants efforts de campagne de Bill, les électeurs ont bien compris que ce n'était pas lui qui se présentait.

Hillary Clinton, avec son style abrupt, n'a pas été la Première dame la plus aimée. Interrogé sur ce point pendant la campagne 2008, Barack Obama avait répondu qu'elle était « *likable enough* », c'est-à-dire « à peu près » aimable. Beaucoup d'analystes se sont penchés sur sa compétence à gouverner, ce que l'on ne peut que supposer, alors qu'elle apparaît médiocre en campagne. Son style professoral illustre le vieil adage : « Demandez-lui l'heure, elle vous expliquera le fonctionnement de la montre. »

La grande différence entre les deux candidats est que si Donald Trump est férocement détesté, il est aussi passionnément aimé par une partie des électeurs. Hillary Clinton, elle, est considérée par ses partisans comme expérimentée ou compétente, des sentiments que pourrait susciter une belle-mère !

Le contraste entre son style et la flamboyance de Donald Trump fait la saveur du duel, cependant les deux candidats ont quelques points communs. Ils sont tous les deux issus de familles aisées, qui leur ont assuré un confortable démarrage dans la vie. Ils ont l'un et l'autre un goût prononcé pour l'argent et évoluent dans le même village, Manhattan, où ils se sont fréquentés avant que le destin ne les sépare. Si vous vous étiez trouvé dans l'église épiscopalienne de Bethesda-By-The-Sea le 22 janvier 2005, vous auriez vu au premier rang Hillary Clinton, assistant au mariage de... Donald Trump avec sa troisième épouse Melania. Plus tard, pendant la réception, une photo a immortalisé les deux couples hilares se congratulant. Interrogée pendant sa campagne, Hillary Clinton a expliqué pour sa défense qu'elle n'avait pas fait de cadeau de mariage au couple !

L'un des atouts de Donald Trump est d'avoir face à lui une candidate à l'image vulnérable. Il a pu largement en jouer pendant quelques semaines, puisque, le premier, il a été assuré d'avoir l'investiture de son parti camp. Son sprint final, alors qu'Hillary peinait à distancer Bernie Sanders, montre à quel point les pronostiqueurs se sont trompés sur les favoris de la course !

À la veille des primaires du Michigan, Hillary Clinton exhortait (en vain) les électeurs démocrates à lui donner la victoire afin de se débarrasser rapidement de son concurrent Bernie Sanders et pouvoir diriger sa force de frappe contre Trump. Ironiquement, pendant ce temps-là, l'élite du Parti républicain faisait précisément ce travail pour elle.

Mais la montée de Trump a de quoi tempérer l'allégresse du camp démocrate. Il chasse nettement sur ses terres en visant la petite classe moyenne. À peine sa candidature était-elle établie qu'il arrivait en tête des sondages dans deux États de tradition industrielle, l'Ohio et la Pennsylvanie, facteurs déterminants dans l'élection générale.

La grande inconnue de cette vague de mécontentement est de savoir qui punira son parti en votant pour l'adversaire, ou qui s'abstiendra. Car exprimer ses frustrations pendant la campagne est une chose, les laisser dicter le choix définitif, en est une tout autre !

Le paradoxe de 2016

> « *L'Amérique court à bride abattue vers une élection dont personne ne veut. Le Parti démocrate va désigner une candidate que la plupart détestent parce que leur jeu est truqué, le Parti républicain va désigner un candidat que la plupart des républicains détestent parce que le leur ne l'est pas.* »
> Éditorial CNBC

LES HISTORIENS s'amuseront sans doute un jour à mettre en parallèle le « paradoxe de 2016 », où le Parti républicain se sera retrouvé avec un candidat qu'il ne voulait pas, alors que le démocrate aura eu du mal à imposer la candidate qu'il voulait.

S'il est un rare sujet sur lequel Donald Trump et Bernie Sanders ont mené le même combat, c'est la dénonciation des méthodes de leurs propres partis. Sanders est entré en lutte ouverte avec la présidente de son parti, Debbie Wasserman Schultz, qu'il a accusée de favoriser Hillary Clinton, dont elle est une amie de longue date. Il est allé jusqu'à soutenir son adversaire dans les primaires de Floride, où elle remettait en jeu son siège à la Chambre des représentants. Il a même menacé de la démettre de ses fonctions s'il était élu président. Il n'a pas eu à le devenir d'ailleurs pour que la menace prenne effet. Debbie Wasserman Schultz a été poussée dehors par la campagne Clinton après que WikiLeaks a divulgué des emails entre collaborateurs du Parti démocrate envisageant les moyens de torpiller la candidature de Sanders. Cet incident, intervenu vingt-quatre heures avant l'ouverture de la Convention démocrate, le 25 juillet, a jeté un froid sur le lancement des célébrations.

De son côté, Donald Trump a déclaré que le processus de nomination de son parti était « une escroquerie et une honte ». Il faut reconnaître qu'avant d'affronter l'adversaire, il a dû se battre contre son propre camp et que celui-ci n'a jamais vraiment digéré son investiture.

Face à la montée de Donald Trump, le Grand Old Party, GOP comme on appelle le Parti républicain, a réagi en passant par tous les stades d'une crise : l'incrédulité, le déni, l'espoir, la colère, la panique... et la résignation.

Jusqu'au début des primaires, l'establishment se raccrochait à l'idée que Trump s'offrait seulement un nouveau trip publicitaire et s'éclipserait quand on passerait aux choses sérieuses. Au fur et à mesure qu'il gagnait des États, des membres influents ont constitué des super PAC, c'est-à-dire des trusts, destinés à financer des campagnes pour promouvoir ou démolir un candidat. En l'occurrence, ces initiatives avaient pour but de détruire Trump. Quand un parti commence ainsi à se cannibaliser, on peut dire que la campagne marche sur la tête.

Vers le milieu des primaires, les dirigeants du Parti républicain ont donc commencé à sortir leurs calculettes pour essayer de trouver un moyen de barrer à Trump la route de l'investiture à la Convention. Les élections américaines sont un exercice arithmétique. Chaque nominé doit avoir conquis, État après État, au moins la moitié des délégués à la Convention : pour le Parti républicain le nombre magique est 1 237, atteint et même dépassé par Trump le 26 mai, deux semaines avant la fin des primaires. Dans le cas où, même majoritaire, il serait arrivé significativement en dessous, l'espoir aurait subsisté d'une union sacrée des autres candidats pour négocier la nomination de celui qui aurait le mieux survécu à la machine Trump pendant les primaires. C'est ce qu'on appelle une « *Brokered Convention* », ou convention négociée, et ce n'est généralement pas beau à voir ! Par l'un de ces retournements qui rendent la politique passionnante, tous ces candidats sont tombés comme des quilles de bowling. Dès la fin avril, Trump était intronisé héritier présomptif. Et, divine surprise, la lutte faisait encore rage chez les démocrates, grâce à Bernie Sanders qui, comme la chèvre de M. Seguin, avait choisi de lutter jusqu'à ce que les loups de la politique le dévorent.

Dans chacun des partis, on peut se consoler en constatant que, pour l'autre également, le bon vieux temps de l'alignement est terminé. Au cours des dernières décennies, démocrates et républicains ont connu des conventions comme ils les aiment : un couronnement de l'héritier, autour duquel tous les concurrents d'hier convergeaient sur le mode « Embrassons-nous Folleville ! » Cela n'avait pas toujours été le cas.

Les conventions où la nomination était bricolée « dans des arrière-salles enfumées », selon la formule consacrée, étaient monnaie courante jusqu'à la Seconde Guerre mondiale. Ce fut le cas de celle de Franklin Roosevelt, par exemple. Pour les républicains, la dernière s'est déroulée en 1948 et, pour les démocrates, en 1952.

Que l'on ait pu faire l'hypothèse d'un grand rassemblement à l'ancienne, à l'époque où les conventions sont devenues de grands spectacles télévisés à la gloire du parti, donne la mesure du désarroi du Parti républicain.

Mais il y a pire qu'une convention négociée : une convention contestée. Les deux partis se souviennent sans doute de ce qui s'est passé chez les démocrates, en 1968. Lorsque la convention s'était ouverte au mois d'août à Chicago, des milliers de policiers et de manifestants occupaient déjà le terrain. Pendant une semaine, les délégués de trois candidats potentiels, Hubert Humphrey, Eugene McCarthy et George McGovern, s'étaient affrontés dans la salle et dans les arrière-salles à coups d'invectives et d'injures. McGovern, qui avait emporté la nomination par défaut, avait subi en novembre la plus cuisante défaite de l'histoire des élections américaines, en ne remportant qu'un État, le Massachusetts, face à Richard Nixon.

Cette convention avait aussi été marquée par une violence jamais égalée dans le processus électoral américain. Tandis que les délégués s'empoignaient à l'intérieur, la police, mobilisée par le maire démocrate Bob Daley, matraquait les manifestants pacifistes à l'extérieur.

1968 avait été une année épouvantable pour la société américaine. La guerre du Vietnam, engagée sous John Kennedy, avait pris des proportions épiques sous Lyndon Johnson, qui avait renoncé à se représenter. Le candidat qui lui avait coupé l'herbe sous le pied, Bob Kennedy, avait été assassiné en juin. Quelques semaines plus tôt, l'assassinat de Martin Luther King avait entraîné les pires émeutes qu'ait connues le pays. Les violents affrontements entre la police et les contestataires des campus étaient devenus quotidiens.

Comparée à cette cascade d'événements, la situation de 2016 est idyllique. Mais cette campagne, quelle qu'en soit l'issue, laissera des cicatrices.

Trump, un nouveau Goldwater ?

> « L'extrémisme dans la défense de la
> liberté n'est pas un vice ; la modération
> dans la poursuite de la justice n'est pas
> une vertu. »
>
> Cicéron dans les *Catilinaires*,
> cité par Barry Goldwater
> dans son discours devant la Convention
> républicaine de 1964.

LES ANALYSTES de la politique américaine se
tournent depuis quelques mois vers une
période un peu oubliée aujourd'hui, la montée fulgurante et la chute de Barry Goldwater,
avec, pour résultat, une défaite cataclysmique
pour le Parti républicain lors de l'élection présidentielle de 1964. L'histoire va-t-elle se répéter
avec Trump ?

Barry Goldwater est né en 1909 en Arizona, un État qui ne faisait alors pas encore partie de l'Union et qui était la quintessence du Grand Ouest américain. Dans la première partie de sa vie, il a été un businessman de talent, développant les magasins créés par son grand-père, un immigrant juif polonais. Pendant la guerre, il devient pilote, puis entre en politique au moment de l'élection d'Eisenhower, pour lequel il fait campagne. Il ne tarde pas à prendre ses distances vis-à-vis d'une politique qu'il voit comme « un New Deal à deux sous ». En 1952, il est élu au Sénat et devient « la conscience des conservateurs », représentant d'une philosophie politique typiquement américaine, fondée sur le respect d'une interprétation stricte de la Constitution et la promotion de l'individualisme.

Devenu la figure de proue du conservatisme, Barry Goldwater multiplie les tournées triomphales dans le pays. Au début des années 1960, il se prépare à affronter, lors de la prochaine élection présidentielle, John Kennedy, auquel il voue une admiration personnelle aussi grande qu'est sa détestation pour l'homme politique. Lorsque Kennedy est assassiné, il envisage de retirer sa candidature. Il n'a pas envie de se mesurer à Lyndon Johnson, sénateur comme lui, dont il connaît les méthodes expéditives et sa préoccupation s'avère fondée. Pour sa campagne, Johnson produit le film commercial le plus controversé et le plus efficace de l'histoire des élections américaines : on y voit une petite fille effeuiller une marguerite en comptant jusqu'à dix tandis que résonne le compte à rebours à l'issue duquel une explosion atomique annihile la petite fille et la fleur, la voix de Johnson promettant ce futur aux électeurs de Goldwater.

Catalogué comme futur assassin du pays, Barry Goldwater traîne également un autre boulet : son opposition aux lois sur les droits civiques qui sont à l'étude au Congrès. S'il a toujours maintenu que son opposition s'appuyait sur le respect de la Constitution et non sur une opposition à la libéralisation du statut des minorités, l'étiquette de raciste lui a collé à la peau et lui a coûté les voix des Noirs, dont une grande partie votaient républicain à l'époque, en souvenir de Lincoln et par méfiance envers les démocrates, le parti de la ségrégation.

« Quand la convention s'est ouverte, on m'avait catalogué comme fasciste, raciste, vat-en-guerre, un cinglé de l'arme atomique et le candidat qui ne pouvait pas gagner. » (Barry Goldwater.)

Le dernier cliché s'est vérifié. Après avoir arraché sa nomination à la convention de San Francisco au milieu d'un tohu-bohu général, Barry Goldwater n'a emporté que six des cinquante États lors de l'élection présidentielle.

Le Parti républicain en est sorti lessivé et divisé. On a alors parlé de purge et, comme toutes les purges, celle-ci a été efficace. Les républicains ont reconquis la présidence un mandat plus tard et la doctrine de Goldwater a pavé la route du reaganisme, qui a repris son programme tout en l'édulcorant.

Barry Goldwater s'est remis de cette déconfiture. Quatre ans plus tard, il a été réélu au Sénat où, au fil des ans, il a fait figure de sage. Lorsque, en 1974, il a fallu dépêcher une figure républicaine pour convaincre Richard Nixon de démissionner, c'est lui qui a été choisi.

À sa mort, en 1998, Bill Clinton a salué « un grand patriote et un homme bien ». Hillary Clinton a confessé avoir milité pour lui pendant son adolescence.

Alors, peut-on comparer Trump à Goldwater ?

Tout comme Donald Trump, Barry Goldwater avait le don d'électriser les foules et aussi peu de filtres entre sa pensée et sa parole : « Barry, vous parlez trop vite et trop fort », l'avait sermonné le président Eisenhower. Goldwater a même confessé : « J'aurais voulu rattraper certaines choses que j'ai dites et les ravaler. » Donald Trump, lui, semble peu enclin à une telle introspection.

Sur le fond, leurs discours diffèrent. Trump frappe tous azimuts sans avoir toujours la maîtrise des faits, ce qui n'était pas le cas de Goldwater, penseur de la politique et érudit de la Constitution. S'ils ont tous les deux un passé de businessman, Goldwater bénéficiait d'une expérience de douze années au Sénat avant de se lancer dans l'élection présidentielle.

Les deux hommes ont en revanche un point commun : la défiance envers l'establishment et le gouvernement. Ils sont conservateurs sur le plan de la sécurité du pays et de l'économie, mais n'embrassent pas la doctrine du conservatisme religieux. Goldwater n'a pas été hostile au droit à l'avortement, expliquant que cela ne regardait pas le gouvernement et, sur la fin de sa carrière, il a défendu les droits des homosexuels. Donald Trump a éludé tant qu'il l'a pu le débat sur les valeurs morales dans lequel, par le passé, il avait pris des positions à l'opposé de la mouvance chrétienne conservatrice.

En fait, le grand parallèle entre les deux hommes tient dans les époques où ils sont apparus en politique, des moments de grande anxiété. Les faits sont différents, les droits civiques et la menace communiste nucléaire dans les années 1960, le problème galopant de l'immigration, la mondialisation et le terrorisme aujourd'hui. Mais le ressenti est le même. Le monde tel qu'une partie du pays l'a connu n'existe plus, les politiciens pataugent et la conscience nationale est déstabilisée.

Comme Donald Trump, Barry Goldwater a arraché la nomination par défaut parce que aucun des autres candidats n'avait su gagner la confiance des électeurs. Il représentait néanmoins un courant minoritaire qui ne pouvait résister au large spectre d'une élection générale.

L'autre conséquence fâcheuse a été l'éclatement du parti. Les élus républicains de l'époque, comme ceux d'aujourd'hui, étaient horrifiés à l'idée de voir un électron libre les représenter lors de l'élection générale, mais en ne l'avalisant pas, ils faisaient *de facto* le jeu du parti adverse. Le même dilemme se présente aujourd'hui. Au début de la campagne, le parti a demandé à chacun de ses candidats de s'engager à ne pas se présenter en indépendant face au nominé. Tous l'ont fait, à la notable exception de… Donald Trump, pour qui, cependant, la question ne se pose plus.

Trump n'est pas vraiment
une exception !

« Sortez les canailles ! »
Slogan des adversaires
de Ulysses Grant, 1872.

SI VOUS PENSEZ que Donald Trump ferait un nominé, voire un président hors norme, n'imaginez pas que c'est rédhibitoire. Il y a eu des précédents.

S'il n'a pas d'expérience politique, ce fut le cas de beaucoup des premiers présidents, des propriétaires terriens comme George Washington. Celui-ci avait également installé une petite distillerie dans sa propriété et vendait son whisky. Lincoln, lui, a d'abord gagné sa vie comme tenancier d'une taverne à Springfield, Illinois. Herbert Hoover était ingénieur. Dwight Eisenhower, militaire, mais il avait commandé le débarquement en Normandie. Ronald Reagan était acteur, mais il avait l'expérience de deux mandats comme gouverneur de Californie, un État plus grand et plus riche que bien des pays européens.

De même, le Donald n'a pas inauguré les campagnes outrancières. En fait, les propos du genre qu'il tient ont été de mise dès les débuts de la nation. Lors de sa campagne, l'entourage de John Adams, deuxième président des États-Unis, a affirmé que si Thomas Jefferson était élu, « on verrait les filles et les épouses se livrer à la prostitution » et que « le meurtre, le vol, le viol, l'adultère et l'inceste seraient ouvertement pratiqués et enseignés ». Particulièrement virulent, Stephen A. Douglas a accusé son futur vainqueur, Abraham Lincoln, d'être un ivrogne « qui éclusait autant d'alcool que tous les gars de la ville réunis ». En 1872, la campagne d'Ulysses Grant s'est déchaînée si sauvagement contre son adversaire Horace Greeley que celui-ci a dû être interné dans un hôpital psychiatrique, où il est mort pendant que l'on comptait ses délégués au collège électoral, pour une élection qu'il aurait de toute façon perdue !

La violence ne s'est pas toujours limitée aux propos. En 1804, le vice-président en exercice Aaron Burr a tué en duel le ministre des Finances, Alexander Hamilton, avant de reprendre tranquillement ses fonctions. Un autre président, Andrew Jackson, a été impliqué dans plus de cent duels pour défendre l'honneur de sa femme Rachel. En 1829, fraîchement élu, il avait menacé d'avoir la peau de ses adversaires politiques qu'il rendait responsables de la disparition de son épouse, terrassée par une crise cardiaque un mois avant l'élection. Elle serait morte de contrariété, après avoir été accusée d'adultère et de bigamie – elle avait épousé le président avant que son divorce d'avec son premier mari soit prononcé. Vu le passé du nouveau président, beaucoup ont jugé plus prudent de quitter la ville !

Quant aux excentriques, ils sont légion : John Adams, par exemple, allait régulièrement se baigner nu dans le Potomac. Un jour, il a même dû y rester plus longtemps que prévu car on lui avait volé ses vêtements ! William Harrison avait pour animal de compagnie un bouc qui folâtrait dans le bureau présidentiel. Lyndon Johnson, qui avait surnommé son pénis « Jumbo », répondit un jour à un journaliste qui le pressait de questions sur l'engagement américain au Vietnam, en ouvrant sa braguette, excédé, pour sortir Jumbo de son pantalon…

De même, les présidents riches n'ont pas manqué. À commencer par le premier, George

Washington, à qui son mariage avait apporté de vastes plantations. Herbert Hoover avait fait fortune dans l'industrie. Franklin Roosevelt était l'héritier d'une très riche famille, de même que John Kennedy dont le patrimoine s'élevait au moment de sa mort à ce qui équivaudrait aujourd'hui à un milliard de dollars.

Son vice-président et successeur Lyndon Johnson était, parallèlement à la politique, un homme d'affaires propriétaire de multiples compagnies, allant de l'élevage du bétail à des stations de radio.

Côté vie privée, on sait quelles relations John Kennedy et Bill Clinton ont entretenu avec les femmes. Franklin Roosevelt avait installé sa maîtresse à la Maison-Blanche. Abraham Lincoln a couché pendant quatre ans dans le même lit que son meilleur ami, puis partagé sa couche avec son garde du corps. Les historiens discutent toujours pour savoir s'il était gay ou simplement frileux ! Il était, en tout cas, chroniquement dépressif.

Trump et l'histoire :
un peuple de rebelles

> *« Je pourrais me planter au milieu
> de la 5ᵉ Avenue et abattre quelqu'un à
> coup de revolver, je ne perdrais pas un
> seul électeur. »*
>
> Donald Trump

POUR COMPRENDRE l'attraction qu'exerce Donald Trump, pensez aux westerns. Est-ce que le héros est un garçon bien élevé, qui suit sagement le règlement (quand il existe) ? Non, le héros arrive en ville, file au saloon, monte avec une fille et sort son revolver si on n'est pas d'accord avec lui.

Historiquement, la politique américaine n'a jamais été un exercice de raffinement dans le schéma où s'inscrit Donald Trump, le gouvernement était une entité lointaine, jamais là quand on avait besoin de lui. Un pays où il valait mieux ne compter que sur soi-même pour braver les éléments et repousser les intrus.

Les Français se sont offusqués lorsque, en 2003, Donald Rumsfeld a parlé de la « vieille Europe », mais c'est un fait. Les pays européens comptent leur histoire en millénaires ; les États-Unis, en siècles. Il y a encore, dans le Midwest, des villes qui fêtent le centenaire de leur existence et où, il n'y a pas si longtemps, la justice était directe et expéditive.

Le pays lui-même n'a que 239 ans et il ne faut pas oublier qu'il est né d'une rébellion. En 1773, les habitants de Boston en ont eu assez de financer le roi d'Angleterre avec leurs impôts. Ils ont attendu l'arrivée d'un convoi de trois navires chargés de l'emblème de la civilisation britannique qu'est le thé, et ont jeté les trois cent quarante-deux caisses de la cargaison dans le port. La « *Tea Party* » de Boston a lancé le signal de la révolution qui allait aboutir à l'indépendance des États-Unis. Cet acte légendaire a donné son nom à un mouvement politique qui a surgi en 2009. Ce mouvement conservateur, qui n'a jamais été structuré, existe toujours. Il est fondé sur son opposition à l'intervention gouvernementale et à son expression la plus détestée, les impôts. Il est difficile d'évaluer quantitativement le nombre de personnes qui se réclament de l'actuel « *Tea*

Party » puisqu'il n'a pas de système d'adhésion, mais il représenterait 10 % du corps politique. Il a une forte influence sur le Parti républicain et ses sympathisants constituent un des fonds de commerce de Donald Trump.

Dès les premières années d'existence du pays, les pères fondateurs se sont battus bec et ongles, entre les fédéralistes qui voulaient davantage d'influence gouvernementale et les démocrates-républicains (un seul et même parti à l'époque) qui voulaient privilégier l'indépendance des États. Pour arriver à un compromis lors de la rédaction de la Constitution en 1787, il avait fallu confiner les délégués dans une petite salle ce qui, compte tenu de la chaleur qu'il fait à Philadelphie au mois de juillet, a contribué à accélérer les débats. La querelle a connu un épisode particulièrement fâcheux en 1804, lorsque le vice-président Aaron Burr a tué en duel le ministre des Finances Alexander Hamilton.

En 1861, une partie des trente-quatre États que comptait alors le pays ont quitté l'Union pour fonder la Confédération, qui a duré le temps d'une guerre atroce. Les historiens évaluent le nombre de morts à plus de 700 000 personnes. Si l'on projetait ce chiffre sur la population actuelle, dix fois plus nombreuse, cela donnerait plus de 7 millions de morts !

Juste après la guerre civile, a commencé la conquête de l'Ouest, dans laquelle, d'ailleurs, se lancèrent une partie des soldats des deux armées. Ni eux, ni les immigrants qui partaient à l'assaut des Grandes Plaines n'étaient des enfants de chœur. Pas plus que les colons du *Mayflower*, qui n'étaient pas aussi vertueux que leur nom de « pèlerins » voudrait le faire croire. Les communautés protestantes qui ont fondé la Nouvelle-Angleterre ont connu des luttes d'influence d'une rare brutalité.

Toutes les vagues d'immigrants qui ont peuplé les États-Unis étaient constituées de gens suffisamment mécontents de leurs conditions de vie dans leur pays pour braver les dangers du voyage et la peur de l'inconnu. Pendant les premiers siècles, seuls les plus audacieux survivaient. Il en est resté quelque chose dans l'inconscient collectif.

Après cela, nul ne s'étonnera qu'un candidat qui prêche la révolte contre le système et propose de régler les problèmes avec des idées simples puisse être perçu comme un représentant des bonnes vieilles traditions.

Qui vote aux États-Unis ?

Aux États-Unis, les sondages sont trompeurs car les résultats restent binaires : tant de points pour l'un, tant pour l'autre. Or le système de comptage pour l'élection générale se révèle beaucoup plus compliqué, produit de plusieurs équations, fondé sur une population divisée en communautés et un système de vote par États.

Pour estimer le chemin parcouru vers la victoire par l'un des candidats, il faut avoir en tête certaines données.

Selon les dernières estimations du bureau du recensement, en 2015, les États-Unis comptaient 321 millions d'habitants, dont 50,8 % de femmes. Parmi eux : 77 % de Blancs, dont 17 % d'origine hispanique ; 13,2 % de Noirs ; 5,4 % d'Asiatiques.

Si ces chiffres vous surprennent, vous n'êtes pas les seuls. D'après un sondage effectué par l'institut Pew, seule une personne interrogée sur dix aux États-Unis est capable de donner une fourchette correcte sur le pourcentage des minorités dans la population. Les autres le surévaluent considérablement.

Voici maintenant comment se répartissent les votants (d'après l'estimation de Pew pour 2016) : Blancs non hispaniques : 69 % ; Noirs : 12 % ; Hispaniques : 12 % ; Asiatiques : 4 %.

Aux États-Unis, on peut déclarer son affiliation à un parti en s'inscrivant sur les listes électorales, ce qui permet l'accession aux primaires dans certains États (dans d'autres, les primaires sont dites ouvertes). Au dernier décompte, il y avait : 32 % de démocrates ; 23 % de républicains ; 39 % d'indépendants.

Ce dernier groupe, qui laisse ses options ouvertes, est la clé des élections.

On comprend qu'il soit tentant d'entrer tous ces chiffres dans un ordinateur et de touiller, jusqu'à en tirer la formule magique pour gagner des électeurs. C'est une méthode que Ted Cruz a poussée à son paroxysme dès le début de 2015, avec le résultat qu'on connaît.

Qui vote Trump,
pourquoi et comment ?

Il A ÉTÉ DE BON TON d'assimiler les électeurs de Trump à la seule catégorie socioculturelle que le politiquement correct permet de brocarder aux États-Unis : des hommes blancs de condition modeste, vivant de préférence dans les régions rurales et connus sous le nom de Rednecks (petits Blancs) ou Hillbillies (péquenauds). Dans les boutiques de souvenirs on trouve des T-shirts avec des inscriptions telles que : « Qu'est-ce qui est plus lourd que la femme d'un Redneck ? Son pick-up. » Imaginez ce genre de plaisanterie transposée à d'autres groupes... Ou plutôt non, n'imaginez pas, ce serait affreux !

Sur certaines chaînes de télévision, les images des meetings électoraux de Donald Trump pourraient être celles du casting du film *Délivrance*.

Dans la presse, l'électeur type de Donald Trump est souvent décrit comme un homme blanc sans diplôme universitaire. Rappelons que c'est le cas de plus de 60 % des hommes (et des femmes) blancs, et que le pourcentage est encore plus élevé dans les autres communautés.

Certes, la proportion d'électeurs au faible niveau d'éducation est supérieure chez les partisans de Trump que dans la moyenne nationale. Selon les sondages effectués jusqu'au mois de mars, 80 % de ceux qui ont voté aux primaires ne sont pas allés plus loin que ce que nous appellerions l'enseignement secondaire. Pour une partie des commentateurs, c'est synonyme d'absence de bon sens politique. Mais cela reviendrait à disqualifier le choix des électeurs noirs, qui ont voté à 95 % pour Barack Obama en 2012, parce qu'il se trouve aussi que 80 % d'entre eux n'avaient pas étudié à l'université !

Ce spectre s'est élargi avec les primaires de la côte Est. Dans des États comme la Pennsylvanie, le Connecticut, le Rhode Island ou le Maryland, Donald Trump a bénéficié de la moitié au moins des suffrages de républicains pourvus d'un diplôme universitaire et dont le revenu annuel dépasse 100 000 dollars. Il arrive, par exemple, en tête des primaires républicaines dans le comté de Montgomery, la banlieue nord de Washington dont la population a l'un des niveaux d'éducation et de revenu les plus élevés du pays.

Au-delà de ce constat, le genre semble déterminant. Donald Trump a une mauvaise image chez plus des deux tiers des femmes. Il suffit de se référer au chapitre « Trump, le mufle... qui fait confiance aux femmes » pour l'expliquer. En contrepartie, il est le candidat préféré des hommes.

Trump et les minorités

Toutes origines confondues, les minorités représentent entre 25 et 30 % du corps électoral. Traditionnellement, elles votent pour les démocrates, censés leur être plus favorables. Ce phénomène s'est accentué lors des deux élections de Barack Obama, avec la communauté noire qui lui a donné presque la totalité de ses suffrages.

Jusqu'aux années qui ont suivi la Seconde Guerre mondiale, le vote noir était partagé entre les deux partis. Un tournant s'est produit lorsque Harry Truman a évoqué les lois sur les droits civiques, et concrétisé leur adoption au début des années 1960. À ce moment-là, une partie des démocrates du Sud, champions de la ségrégation, ont rejoint le Parti républicain.

Après le vote noir, les républicains ont perdu le vote hispanique, de façon spectaculaire. En 2000, 44 % des Hispaniques ont voté pour George W. Bush – en 2012, ils n'étaient que 27 % à soutenir Mitt Romney. Aujourd'hui, le soutien de ces deux minorités à Donald Trump est estimé à 11 %.

Les Asiatiques, traditionnellement, votent peu, mais, en général, plutôt du côté démocrate. Dans cette élection, ils ne sont que 26 % favorables à Donald Trump.

Les électeurs de Trump sont généralement de petits entrepreneurs ou commerçants, un secteur où les minorités sont assez largement représentées.

Or sa candidature a accéléré la dégradation de l'image du Parti républicain dans les minorités, ce qui est un vrai problème dans la mesure où cette tranche de la population est, elle, en pleine croissance.

Le taux de participation de ces minorités, en particulier les Hispaniques, sera déterminant.

Ces minorités ne se retrouvent dans aucun des éléments des deux tickets, les deux candidats et leurs vice-présidents sont blancs, non hispaniques, originaires de la moitié est du pays et ils approchent ou ont passé la soixantaine.

L'âge du capitaine

Jusqu'à l'apparition de Barack Obama, les jeunes Américains ne votaient pas beaucoup. L'arrivée de ce candidat jeune, ou en tout cas plus proche de leur âge que les autres, a changé la donne.

Les deux groupes démographiques dominants sont les baby-boomers (52-70 ans) et les millennials (18-35 ans), qui représentent chacun 75 millions de personnes en âge de voter.

Hillary Clinton, 69 ans en octobre, et Donald Trump, 70 ans en juin, se situent dans la tranche haute des baby-boomers. L'âge a-t-il une importance ? On peut se le demander en voyant le soutien que les millennials ont apporté à Bernie Sanders, 74 ans.

60 % des millennials préfèrent voir un démocrate à la Maison-Blanche en 2016, et, passé 45 ans, c'est le penchant inverse qui l'emporte. C'est cette dernière tranche qui votait le plus jusqu'à présent. Lors de la dernière élection présidentielle, le taux de participation a été proportionnel à l'âge : 70 % pour les plus de 60 ans, 40 % chez les moins de 30 ans. Mais on a déjà vu les millennials voter davantage lors des primaires. Dans la mesure où, dans presque tous les États américains, on peut s'inscrire jusqu'au

dernier moment sur les listes électorales, leur niveau de participation demeure encore imprévisible.

La question pour Donald Trump sera de savoir si les millennials qui ont suivi Bernie Sanders vont voter pour Hillary Clinton ?

Le « *crossover* »

Ô surprise ! Si la majorité des électeurs de Donald Trump sont... républicains, on y trouve aussi des transfuges du Parti démocrate.

Le « *crossover* » désigne cette pratique qui consiste à voter contre son propre camp. Il y en a de deux types : pendant les primaires, il peut s'agir d'un vote stratégique. Quand ces primaires sont ouvertes, ce qui est le cas dans 22 États, les électeurs de n'importe quelle affiliation peuvent voter pour qui ils veulent. Bien qu'on ne connaisse pas vraiment l'impact de cette pratique, certains ne résistent pas à la tentation d'aller semer la pagaille dans le camp de l'adversaire. Des démocrates se sont sans doute réjouis de voir que c'est Trump, considéré comme plus facile à battre, qui se retrouvera en face d'Hillary Clinton. Il n'est pas exclu que des républicains, outrés par le succès du Donald, aient prêté main-forte à Bernie Sanders.

Au moment de l'élection générale, le crossover peut devenir un vrai acte de rébellion. C'est ce qui se passera pour les démocrates ayant soutenu Bernie Sanders qui voudront se venger d'Hillary Clinton en votant Trump, ou pour les électeurs républicains qui voteront Clinton en signe de protestation contre la candidature de Trump. D'après les sondages, il y en aurait un nombre appréciable, mais ce que l'on dit dans le feu des primaires ne se vérifie pas forcément au moment décisif.

C'est là un crossover négatif, mais il en existe un, plus courant, qui consiste à abandonner son parti par conviction. On en a eu un exemple avec les « Reagan Democrats ». En 1980, alors que le pays venait de vivre une récession, les zones industrielles qui avaient particulièrement souffert ont tourné le dos au président sortant, Jimmy Carter, et voté en faveur d'un adversaire pourtant réputé très conservateur. Il est vrai que, comme Donald Trump, Ronald Reagan avait longtemps été un démocrate et savait leur parler. La rhétorique de Donald Trump est loin d'égaler celle de Ronald Reagan présentant l'Amérique à travers la métaphore des premiers colons : « *A shining city upon a hill* » (« Une cité qui brille au sommet de la colline »). Mais le slogan de la campagne Trump « *America First* » réveille la nostalgie du rayonnement américain à travers le monde.

Les démocrates qui se tournent vers Donald Trump sont ceux qui ont le plus souffert de la globalisation, dont l'une des conséquences a été la délocalisation des emplois des industries traditionnelles vers l'Asie et l'Amérique latine. Ils n'ont aucune tendresse pour Hillary Clinton dont le mari a été à l'origine de l'ALENA, le grand traité de libre-échange entre les États-Unis, le Canada et le Mexique. Pendant ses premières années au Sénat, elle a voté pour cinq accords commerciaux avec des pays étrangers, qui ont eu des effets jugés préjudiciables pour les travailleurs américains.

La « *Rust Belt* » (la « Ceinture de rouille »), autrement dit les États industriels du Nord-Est, a lourdement pesé dans le succès de Donald Trump lors des primaires. Il est manifeste que, dans des régions où l'on votait traditionnellement démocrate, il y a eu du crossover. Les sondages à la fin des primaires attribuaient à Donald Trump un avantage dans des États industriels clés comme l'Ohio et la Pennsylvanie. Reste à savoir si cette configuration se reproduira lors de l'élection générale. Et si elle sera amplifiée par les voix qu'aurait recueillies Bernie Sanders.

Et Dieu dans tout cela ?

« Je suis quelqu'un qui va à l'église le dimanche, j'y vais chaque fois que je peux. » (Donald Trump.)

A priori, on ne choisirait pas le Donald comme directeur spirituel, mais le fait est que les chrétiens conservateurs constituent pour lui un important réservoir de votes.

Un peu plus des trois quarts des Américains sont religieux, certains encore plus que les autres. Le groupe le plus important et le plus actif est constitué par les 62 millions de chrétiens évangéliques. Ce terme générique regroupe les Églises protestantes qui suivent une interprétation stricte de la Bible ; elles comptent deux fois plus de fidèles que les Églises protestantes classiques.

70 % des chrétiens évangéliques votent républicain et, à la surprise générale, plus de la moitié d'entre eux ont choisi Donald Trump, même lorsqu'il existait un choix plus orthodoxe… si l'on peut dire. La grande surprise s'est produite

en février avec la primaire de la Caroline du Sud, bastion du conservatisme religieux : Donald Trump a remporté l'État devant Ted Cruz, qui se présentait comme le gardien des valeurs chrétiennes. Ce succès ne s'est pas démenti dans ce que l'on appelle la « *Bible Belt* », les États du Sud connus pour la piété de leurs habitants. Le message de Ted Cruz, porte-parole des chrétiens conservateurs, a été largement diffusé par son père, Rafael Cruz, prêcheur itinérant qui a présenté les votes pour son fils comme la volonté de Dieu et ceux pour Donald Trump comme un salut au démon.

À côté d'un bigot comme Ted Cruz, qui déclarait qu'« un homme qui ne se met pas à genoux pour prier tous les matins n'est pas digne d'être le commandant en chef de ce pays », la foi du Donald peut paraître tiède. À l'origine, sa famille est presbytérienne, mais, comme beaucoup d'Américains, il est un « *Cafeteria Christian* », c'est-à-dire qu'il choisit sa religion en libre-service. En fait, l'Église qui l'a le plus influencé est, comme nous l'avons vu, la Marble Collegiate Church, l'Église de la pensée positive, au sein de laquelle il a épousé sa première femme et rencontré la deuxième pendant le service du dimanche matin.

Pour son troisième mariage, il a choisi le cadre le plus chic que l'on puisse imaginer : une église épiscopalienne à Palm Beach.

Comme tous les candidats, Trump fait la tournée des églises, et chante des hymnes. Mais bien qu'il revendique une lecture régulière de la Bible, il s'emmêle parfois dans les citations et prend quelques libertés avec certains commandements. Il lui arrive pendant ses meetings de brandir une des très nombreuses bibles offertes par des admirateurs, mais cela ne l'a pas empêché de froisser une assistance de chrétiens évangéliques en prêchant le contenu de son propre livre, *L'Art de la négociation*, non sans avoir tout de même reconnu qu'il n'était que le deuxième meilleur livre... après la Bible.

Bien que, officiellement, l'Église soit séparée de l'État, la religion reste omniprésente dans la vie politique américaine et, jusqu'à présent, aucun président américain n'a osé se déclarer ouvertement athée. Tous les ans, le président assiste à un « *breakfast* de prière » où, littéralement, il prie avec des représentants de toutes les confessions. À Camp David, Jimmy Carter a demandé à Menahem Begin et Anouar el-Sadate de commencer les négociations en priant. George W. Bush a dit qu'il priait dans le bureau ovale. Les Clinton hantent les églises noires, Barack Obama vante, dans l'un de ses livres, l'influence d'un pasteur dont il a dû officiellement se séparer en raison de ses positions extrémistes. Bernie Sanders, qui est juif, n'a pas hésité à interrompre sa campagne pendant deux jours pour se rendre au Vatican !

La question n'est donc pas de savoir pourquoi Donald Trump courtise les chrétiens conservateurs, mais pourquoi certains ont voté pour lui alors qu'il ne s'est rallié qu'*in extremis* à leurs causes fétiches, comme l'interdiction de l'avortement ou du mariage homosexuel. Sur le plan personnel, ses rapports avec les femmes, son langage et le fait qu'il a bâti une partie de sa fortune sur l'exploitation de casinos et le commerce de la vodka, devraient faire frémir dans des régions où des comtés entiers bannissent la vente d'alcool le dimanche, voire toute la semaine. Les témoignages de chrétiens évangéliques donnent à penser que ces péchés avérés comptent finalement moins que l'absence de rédemption, et Dieu sait qu'il n'est pas dans la nature du Donald de faire acte de contrition !

Sa nature, c'est la force avec laquelle il assène ses idées. Cela n'est pas sans rappeler le style de certains pasteurs évangéliques. Qu'il soit riche et prospère va aussi dans le sens de la doctrine de la prédestination, qui fait des richesses terrestres des signes de faveur divine. Enfin, ses charges contre les immigrants et les musulmans confortent la nostalgie d'une époque où la culture dominante était encore WASP, *White Anglo-Saxon Protestants*. Pour l'élection générale, la réponse est simple : auprès des chrétiens conservateurs, la principale vertu de Donald Trump sera de ne pas être Hillary Clinton. Reste maintenant à les amener à voter tout court !

La situation diffère un peu pour les autres groupes religieux. Le vote des catholiques, le deuxième groupe confessionnel le plus important, est fluctuant. Un tiers d'entre eux sont d'origine hispanique, ce qui ne devrait pas les inciter à voter Trump. Que le pape ait jugé bon d'intervenir en sa défaveur peut aussi peser. En revanche, certains catholiques peuvent voir en lui un défenseur des valeurs traditionnelles. La grande majorité des Juifs vote démocrate, tandis que les musulmans ne donneront certainement pas leurs voix à Trump, mais ils représentent moins de 1 % de la population.

Le chemin de la victoire,
dans le labyrinthe des États

« L'élection générale, 50 États simultanément, est comme une équipe de football géante, elle exige toute une série de choses complètement différentes de la part du candidat et de la part de son équipe. »

Newt Gingrich

POUR DEVENIR PRÉSIDENT ou présidente des États-Unis, il ne faut pas compter les électeurs, mais les États. Cela relativise d'ailleurs beaucoup les sondages effectués plusieurs mois avant l'élection, car ils ne permettent pas de projeter le nombre de grands électeurs que va recueillir chaque candidat. Par exemple, les sondages Gallup effectués dans les cinquante dernières années montrent que celui qui arrive

DANS LA TÊTE DE DONALD TRUMP

en tête au mois de juin est le vainqueur… à peu près une fois sur deux !

À chaque élection présidentielle américaine, le reste du monde regarde et secoue la tête. Comment expliquer qu'Al Gore ait perdu l'élection de 2000 avec un demi-million de voix de plus que son adversaire ? Ou que, en 1972, George McGovern ait remporté 37 % des voix, mais seulement 1 des 50 États et 17 votes de grands électeurs, contre 520 pour son vainqueur Richard Nixon !

Pourquoi ce grand pays ne pratique-t-il pas le système « un homme, un vote » ? Parce que la Constitution a été rédigée de façon à sauvegarder le poids de chaque État dans la fédération, et qu'il n'y en avait que 13 à l'époque. Aujourd'hui, ils sont 50. Que pèserait le Wyoming avec ses 584 000 habitants, face à la Californie qui en compte près de 39 millions ?

Les pères fondateurs ont choisi de pondérer le facteur population par un système de vote indirect. L'élection se fait par l'intermédiaire de grands électeurs dont le nombre dépend de celui des représentants à la Chambre, 1 pour 500 000 habitants, et du nombre de sénateurs, 2 par État… J'espère que vous suivez toujours.

Le président n'est donc pas élu en novembre, comme on le croit, mais en janvier, lorsque les votes des grands électeurs sont comptés au Sénat. On recense pour cette élection 538 grands électeurs, dont 55 pour la Californie et 3 pour le Wyoming.

Le candidat qui arrive en tête dans un État remporte tous ses grands électeurs. Sauf dans le Maine et le Nebraska qui ont un système proportionnel, mais ils représentent à eux deux 17 grands électeurs seulement.

L'élection est fixée au premier mardi qui suit le premier lundi de novembre, contorsion du calendrier destiné à éviter que le scrutin ne se déroule pendant la fête de la Toussaint. Le décompte des voix a lieu deux mois plus tard, la Constitution tenant compte du temps qu'il fallait pour transporter les résultats à cheval jusqu'à la capitale ! Aujourd'hui, cette période de battement sert à la « transition », durant laquelle le nouveau président constitue son équipe et l'ancien l'initie aux secrets du pouvoir.

Les procédures de vote ont gardé un folklore désuet. Si le processus était aussi rigoureux qu'en France, par exemple, on se demande jusqu'où irait le taux d'abstention. Les règles sont déterminées à l'échelle de chaque État : dans la plupart, on peut s'inscrire sur les listes électorales jusqu'à un mois avant l'élection, dans certains jusqu'au jour même. Les partis envoient des démarcheurs recueillir des votes dans la rue, qui devront ensuite être confirmés par courrier. L'État de Washington ne met en place aucun bureau de vote : les électeurs se prononcent par correspondance dix-huit jours avant l'élection, alors que la campagne se poursuit allégrement.

Il n'existe pas de carte nationale d'identité aux États-Unis, le permis de conduire en fait office, et si quelques États réclament une pièce d'identité officielle au moment de l'inscription sur les listes ou lors du vote, la plupart s'en abstiennent.

On a vu les limites du vote à choix multiples lors du cirque du recompte de la Floride en 2000. Le système s'est amélioré avec l'introduction de machines du type distributeur de billets, mais un Américain ne mettra jamais « son bulletin dans l'urne » comme on l'entend parfois, car les bulletins sont de vraies pages d'annuaire, la plupart du temps électroniques. On vote pour tout aux États-Unis, pour divers postes des services publics, en même temps que pour le représentant, le sénateur et le président, sans compter les référendums d'intérêt local : l'un de mes favoris était, dans l'État du Maryland, l'approbation d'une loi sur la cueillette des fruits sauvages dans les parcs nationaux !

Le choix du président ne se réduit pas à démocrate ou républicain. En 2012, l'élection opposait dix-huit candidats : deux représentaient différents courants du Parti socialiste et un prônait le retour de la prohibition. Tous les partis ne se qualifient pas dans tous les États, et, en dehors des républicains et des démocrates, les seuls à avoir une portée nationale sont les libertariens et les verts, qui pourraient bien bénéficier du désamour à l'égard des deux grands partis. C'est surtout vrai pour les libertariens qui préconisent de minimiser le rôle du gouvernement et Gary Johnson, ancien gouverneur républicain du Nouveau-Mexique, peut brouiller les cartes de cette élection. Pour ceux qui ne trouvent pas leur bonheur dans cette abondance de candidats, reste la solution du « *write in* » qui permet d'ajouter sur le bulletin sa propre sélection. Le tiercé gagnant du « *write in* » est généralement, dans l'ordre : Moi, Jésus et Mickey Mouse. Il se pourrait que, cette année, des supporters de Bernie Sanders ou de Ted Cruz l'utilisent.

Un programme en Trump-l'œil

> *« Pourquoi, dans un éventail de dix-sept candidats, les électeurs républicains ont-ils choisi le moins conservateur ? »*
>
> Charles Krauthammer,
> éditorialiste conservateur.

L E PROGRAMME de Donald Trump présente de flamboyants extrêmes, mais, en dehors de l'immigration et de la politique étrangère, il est plutôt centriste. Ce que la partie la plus conservatrice du Parti républicain lui reproche n'est pas tant d'avoir un passé de démocrate que les traces qui en subsistent.

Trump se décrit lui-même comme « flexible » et on pourrait même définir sa philosophie par le vieil adage : « Il n'y a que les imbéciles qui ne changent pas d'avis. » Certaines de ses volte-face

sur des sujets brûlants ont de quoi effarou-
cher la frange conservatrice du Parti républicain, qui voit dans ses prises de position plus
d'opportunisme que de conviction.

Sur l'avortement par exemple. Au cours d'une
interview accordée à NBC en 1999, il déclare :
« Je suis partisan à tous égards du droit de choisir [une interruption de grossesse]. » En 2016 :
« Je suis pour le respect de la vie [...], si l'avortement devient illégal, sa pratique devra entraîner
une forme de sanction. » Quelques heures plus
tard, il explique n'avoir pas songé aux femmes
elles-mêmes en parlant de sanctions : « Je suis
pour le respect de la vie avec des exceptions. »

Sur la légalisation du mariage homosexuel :
« La décision a été prise et elle a force de
loi », et plus tard : « C'est une décision illégale
et erronée. »

Il arrive aussi que Donald Trump se contre-
dise dans une même phrase, comme lorsqu'il
présente son plan de fiscalité sur les revenus
les plus élevés : « Dans mon programme, les
impôts baissent. Mais en attendant que cela soit
négocié, ils augmentent. »

Son grand talent est d'avoir mis le doigt sur
tout ce qui ne marche pas, avec des exemples
très concrets et la promesse de leur appliquer

la méthode Trump : « On va faire fonctionner tout cela pour moins cher. » Dans le domaine de la vie pratique, comme la santé ou l'éducation, il est plutôt « Donald le pragmatique ». Il a compris quelque chose qui semble avoir échappé aux dirigeants du parti : leur vie quotidienne les préoccupe davantage que l'idéologie. Une enquête effectuée en 2015 montre que seuls 39 % des républicains interrogés pensent que le gouvernement doit promouvoir les valeurs traditionnelles. Même si les sujets de société comme l'avortement, le mariage homosexuel ou la place de la religion dans la vie publique produisent une agitation de surface, c'est la sécurité sous toutes ses formes qui incite les électeurs à voter : sécurité de l'emploi, de la santé, des retraites et sécurité nationale.

Donald Trump rejoint la doctrine républicaine quand il affirme qu'il faut moins d'interventions du gouvernement fédéral et plus d'autonomie pour les États. C'est, en fait, le débat fondamental du pouvoir aux États-Unis, pays fondé sur la méfiance envers l'autorité et qui vit dans un conflit permanent entre les attributions de chacun des 50 États et celles du gouvernement fédéral.

De plus, la Constitution a eu pour principe fondateur la séparation des pouvoirs en trois composantes : exécutif (le président), législatif (le Congrès) et judiciaire (la Cour suprême)... Dans ce fameux « *checks and balances* », chaque branche contrôle les deux autres.

Ce qui amène la question fondamentale : le président, en général, et Donald Trump, en particulier, peut-il réaliser ce qu'il a promis ? La réponse est simple : non !

Cela surprend toujours, mais le président des États-Unis a beaucoup moins de pouvoir qu'on le croit. Toutes ses décisions doivent être avalisées par le Congrès – même les décrets présidentiels sont vulnérables. N'importe quel citoyen peut contester une décision du président devant la Cour suprême. Même si ce n'est pas facile, chaque année, quelques dizaines y arrivent. Le seul domaine où le président dispose de réels pouvoirs est la politique étrangère, et encore !

Pour gouverner avec les mains à peu près libres, il doit s'assurer un fort soutien du Congrès, c'est-à-dire réunir la majorité dans les deux chambres, et mettre de son côté la Cour suprême, ce dernier élément étant plus complexe à maîtriser.

Même une majorité acquise dans les deux chambres ne signifierait pas un soutien aveugle au président Trump. Beaucoup de ses propositions entraîneraient une augmentation du budget, qui, chaque fois, est voté par le Congrès au terme de batailles homériques. La priorité des républicains étant de réduire les dépenses, il y a fort à parier que Donald Trump serait contraint de mettre de l'eau dans le vin qu'il ne boit pas.

Passons maintenant à la Cour suprême. À condition qu'il dispose d'une majorité au Sénat pour ratifier ses choix, le président élu en 2016 pourrait nommer un juge qui maintiendrait la Cour dans sa majorité actuelle, avec cinq juges penchant plus ou moins fortement du côté républicain contre quatre juges résolument démocrates. La Cour a pour rôle d'interpréter la volonté des rédacteurs de la Constitution et elle ne laisserait pas passer une décision qui irait, de manière flagrante, à l'encontre des principes énoncés par les pères fondateurs. Bien que conservateur, le juge Roberts, qui préside la Cour, a la réputation de ne pas plaisanter avec le respect de ce principe. On peut facilement prévoir que certaines des mesures les plus spectaculaires proposées par Donald Trump ne passeraient pas le barrage de la Cour suprême.

Theodore Roosevelt a résumé la présidence comme le « *bully pulpit* », littéralement le « pupitre d'où l'on intimide ». Cela signifie que le principal pouvoir du président est d'utiliser le prestige de sa fonction et son accès à l'opinion publique pour faire plier les deux autres composantes du pouvoir.

Dans le registre de l'intimidation, Donald Trump a montré un certain talent, mais rien ne dit qu'il pourra l'exercer aussi facilement sur le Congrès et sur la Cour Suprême.

« *America First* »,
ou les néo-isolationnistes

> « *Notre véritable politique doit être
> d'éviter des alliances permanentes avec
> quelque partie que ce soit du reste du
> monde.* »
>
> George Washington

QUE CE SOIT Donald Trump qui ait soulevé
le problème ne doit pas faire sous-estimer
son importance : la place des États-Unis sur
la scène internationale fait depuis longtemps
l'objet d'un débat que les présidents ont préféré
ne pas trancher, mais que l'opinion publique a
bien en tête. Un sondage, réalisé par l'institut de
recherche Pew au début du mois de mai 2016,
montre que 57 % des Américains interrogés
estiment que les États-Unis devraient s'occuper
de leurs propres problèmes et laisser le reste du
monde se débrouiller. Ils reconnaissent à 54 %

que les États-Unis sont la puissance économique et militaire dominante, 34 % attribuent ce rôle à la Chine, 6 % au Japon et... 2 % à l'Europe !

Le slogan adopté par Donald Trump, « *America First* », n'est pas nouveau. Déjà, dans les années 1930, c'était celui de l'America First Committee, le groupe de pression isolationniste dont l'une des figures de proue était l'aviateur Charles Lindbergh. Ce parti avait été fondé en réaction à l'entrée des États-Unis dans la Première Guerre mondiale et à la Société des Nations de Woodrow Wilson. Il était farouchement hostile aux velléités de Franklin Roosevelt de se mêler des affaires européennes et il s'est désintégré au lendemain de l'attaque de Pearl Harbor. La période de l'après-guerre et la guerre froide ont poussé les États-Unis à l'interventionnisme, tout comme les attentats du 11 septembre 2001. George W. Bush s'est fait l'avocat de la « *Nation Building* », la construction de nouvelles démocraties, dans la foulée des interventions en Irak et en Afghanistan. Dès la campagne présidentielle de 2008, Barack Obama avait surfé sur le rejet de cette politique. Quelque temps après son entrée en fonctions, il déclarait : « Le pays dont la construction m'intéresse le plus est le nôtre. »

Puis Barack Obama s'est trouvé aux prises avec la réalité, choisissant de faire ou de ne pas faire. Pendant les quatre années qu'elle a passées au Département d'État, Hillary Clinton a été du côté de ceux qui voulaient faire, et c'est l'un des points épineux de sa campagne. Elle traîne comme un boulet son vote en faveur de l'intervention en Irak en 2003 : Barack Obama en 2008, puis Bernie Sanders et Donald Trump en 2016 en ont fait ou en font leurs choux gras.

Donald Trump n'a pas dénoncé cette intervention à l'époque, mais, comme on le sait, il n'hésite jamais à changer d'avis ni à se contredire. Dans son premier grand discours consacré à la politique étrangère, il a menacé de faire usage de la force américaine, tout en affirmant que les États-Unis devaient réduire leurs interventions.

La globalisation, dont Bill Clinton s'est fait le champion, ouvre aussi des boulevards à Trump qui ne manque pas une occasion de fustiger l'ALENA, traité de libre-échange avec le Canada et le Mexique, rendu responsable, souvent à juste titre, de la délocalisation des emplois de l'industrie.

Les États-Unis ont actuellement des accords de diverses natures avec 62 pays. Si Donald Trump veut les remettre sur la table, on lui souhaite bien du plaisir sur le plan pratique. Mais il pourra toujours se référer à l'esprit des pères fondateurs.

Les États-Unis se sont créés en rejetant la puissance colonisatrice anglaise à la mer. Le pays s'est ensuite construit, pendant le XIXe siècle, avec les immigrants venus d'Europe qui étaient censés laisser leur première patrie derrière eux, ce qu'ils faisaient d'autant plus volontiers qu'ils l'avaient quittée pour trouver mieux ailleurs. Jusqu'à aujourd'hui, chaque nouvelle vague d'immigrants a nourri dans l'inconscient collectif la conviction que les États-Unis sont une terre promise et que, une fois qu'on a réussi à y entrer, on peut laisser le reste du monde à la porte. La population américaine apparaît si diverse que son seul dénominateur commun est un profond patriotisme. Il faut entendre la foule chanter « *God Bless America* » (composé par l'immigrant Irving Berlin) ou scander « *USA ! USA !* » pour comprendre que, comme les couples heureux, ce pays se suffit à lui-même.

La défense

> « *Nous allons rendre notre armée tellement grande, tellement forte, tellement excellente, tellement puissante que nous n'aurons jamais à nous en servir.* »
>
> Donald Trump

DANS SON DISCOURS devant des anciens combattants, Donald Trump énonce le vieux principe de la force de dissuasion, et sur la volonté d'une armée grande et forte, il est en phase avec la nation. Selon un sondage réalisé fin avril 2016 par l'institut Pew, 33 % des personnes interrogées souhaitaient que le budget consacré à la défense augmente, 24 % qu'il diminue et 40 % qu'il reste le même, c'est-à-dire à un niveau déjà considérable, comme le faisait remarquer Barack Obama dans son dernier discours sur l'état de l'Union : « Nous dépensons plus pour notre armée que l'ensemble des huit pays qui suivent. »

En fait, le président avait un peu exagéré : selon les experts, ce serait sept pays et non huit, parmi lesquels la Chine et la Russie. La facture américaine s'élève, bon an mal an, à quelque 600 milliards de dollars. L'armée est le premier employeur du pays, avec près de 4 millions de personnes, si l'on compte les civils et les sous-traitants. Qu'un pays notoirement opposé au financement du service public en redemande dans ce domaine en dit long sur l'importance que la puissance militaire revêt aux yeux des Américains.

Donald Trump propose de faire plus avec moins d'argent et, pour une fois, cette proposition n'est pas rangée par les experts dans le catalogue des rodomontades de campagne.

Tous les candidats ont proposé un audit du Pentagone, célèbre pour ses coûteuses gabegies – on pense au fameux avion de combat F-35 que Lockheed Martin développe depuis plus de quinze ans et dont la production accumule quatre ans de retard et un dépassement du budget prévisionnel de 200 milliards de dollars !

Si le budget américain de la défense représente un tiers des dépenses militaires de la planète, c'est aussi parce que sa portée est planétaire. Lorsque Donald Trump propose de faire davantage participer financièrement les alliés des États-Unis aux programmes qui assurent leur sécurité, il exprime un sentiment largement partagé, y compris par Barack Obama.

En 2013, dans une interview donnée au magazine *The Atlantic*, il dénonçait les « *free riders* », autrement dit tous les pays qui bénéficient du dispositif militaire américain sans en payer une part proportionnelle, en resquilleurs.

Donald Trump a également dénoncé les intérêts locaux qui maintiennent en place des programmes de construction ou d'énormes bases militaires dont la nécessité pose question. Mais, dans la mesure où le budget de la défense est voté par la Chambre des représentants qui, comme son nom l'indique, représente précisément ces intérêts locaux, on ne voit pas comment il pourrait y arriver.

Un autre point qui pose problème est sa promesse d'annihiler des ennemis comme Daech, ce qui suppose de coûteuses opérations militaires.

Dans les sondages, la sécurité des États-Unis vient en troisième position dans les préoccupations des électeurs américains, juste derrière l'économie et l'emploi. Elle a fait irruption très tôt dans la campagne, avec l'attaque de San Bernardino en décembre 2015, quand un couple d'extrémistes islamistes ont tué quatorze personnes, sur le lieu de travail de l'un d'entre eux. Cette attaque a d'autant plus frappé l'opinion publique qu'elle arrivait moins d'un mois après les attentats de Paris. C'est à ce moment-là que Donald Trump a pour la première fois émis l'idée d'imposer un moratoire sur l'entrée des musulmans aux États-Unis. Il a récidivé lors de la seconde attaque, qui, en juin, a fait quarante-neuf morts dans une discothèque gay d'Orlando. Il a alors commis une énorme bourde en se « félicitant » d'avoir su prévoir un tel événement. Cette déclaration a coïncidé avec une chute significative du candidat républicain dans les sondages, mais il est difficile de savoir jusqu'à quel point elle en est responsable, car c'est également le moment où Hillary Clinton a bénéficié de nouveaux soutiens pour sa campagne, après avoir atteint le nombre de délégués nécessaires à son investiture. Les sondages montrent une opinion divisée à peu près également sur la confiance qu'elle fait à l'un ou l'autre candidat pour assurer la sécurité du pays. Il serait plus juste de parler de la confiance qu'elle ne leur fait pas. Donald Trump a pour handicap de n'avoir aucune expérience en la matière et Hillary

Clinton, d'en avoir une. La montée du terrorisme islamiste est en effet considérée comme le point faible de la présidence de Barack Obama, et, par extension, d'Hillary Clinton, qui a occupé pendant quatre ans le poste de secrétaire d'État.

L'immigration,
ou le grand casse-tête

> *« Je vais bâtir un grand mur et per-*
> *sonne ne bâtit des murs mieux que*
> *moi, croyez-moi, et je vais le faire pour*
> *pas cher. Je vais bâtir un grand, grand*
> *mur le long de notre frontière sud, et je*
> *vais faire payer ce mur par le Mexique.*
> *Souvenez-vous de ça. »*
>
> Donald Trump

L'IMMIGRATION joue en quelque sorte le rôle du produit d'appel dans le programme Trump. Mais est-ce un sujet déterminant ? Le seul point qui fait consensus chez les Américains est qu'il va falloir régler cette affaire d'une manière ou d'une autre.

11 millions de personnes vivent actuellement en situation irrégulière sur le territoire américain. Cette situation est le résultat de décennies

d'une politique qui pourrait être résumée par le célèbre adage d'Henri Queuille : « Il n'est pas un problème dont une absence de solution ne finisse par venir à bout. »

La dernière véritable intervention remonte à Ronald Reagan. En 1986, il a réussi à faire passer une réforme qui, tout en durcissant les critères de l'immigration, donnait un statut légal à toute personne entrée aux États-Unis avant 1982.

Barack Obama a signé un décret autorisant les mineurs ayant pénétré illégalement aux États-Unis avant l'âge de 16 ans et les parents d'enfants de nationalité américaine à rester sur le territoire, mais celui-ci a été rejeté devant la Cour suprême.

Les propositions de Donald Trump dans ce domaine sont, comme on le sait, radicales. Il propose l'extradition de tous les immigrés en situation irrégulière, ce qui poserait de sérieux problèmes pratiques. Il faudrait gonfler singulièrement les services de l'immigration pour faire exécuter ces ordres, dont beaucoup seraient contestés devant la justice. La partie du plan la plus facilement applicable est l'augmentation des frais de dossier pour l'établissement des visas et la réforme de leur attribution.

Son projet le plus spectaculaire consiste à construire un mur le long de la frontière mexicaine, soit plus de 3 000 kilomètres, et de présenter la facture au Mexique. L'idée d'une barrière n'est pas nouvelle : en 2006, le Congrès a adopté le « *Secure Fence Act* », une loi prévoyant la construction d'une barrière d'environ 1 100 kilomètres entre les deux pays. À ce jour, à peine un tiers a été réalisé, et son efficacité n'a rien à voir avec celle du mur de Berlin.

Inutile de dire que le Mexique n'est pas prêt à payer le forfait de 5 à 10 milliards de dollars réclamé par Donald Trump, mais ce dernier menace de bloquer les 25 milliards de dollars que les Mexicains vivant aux États-Unis, légalement ou non, envoient chaque année dans leur pays. Il faudrait pour cela appliquer une loi financière qui obligerait les banques à identifier les transactions de leurs clients. La mesure pourrait aussi être justifiée par le « *Patriot Act* », la série de lois sur la sécurité votées après les attentats du 11-Septembre, mais c'est juridiquement contestable.

Donald Trump propose également de revenir sur la règle du droit du sol, ce qui impliquerait de modifier la Constitution, dont le 14e amendement garantit la nationalité à toute personne née sur son sol (sauf les enfants de diplomates ou d'ennemis des États-Unis en temps de guerre). Un débat existe sur le fait que la règle s'applique aux enfants de personnes en situation illégale, mais la Cour suprême a déjà tranché deux fois en leur faveur.

L'idée d'empêcher les musulmans d'entrer dans le pays est strictement impossible sur le plan pratique et en contradiction absolue avec le 1er amendement de la Constitution qui interdit la discrimination religieuse. Il a d'ailleurs édulcoré cette proposition au cours de sa campagne.

L'immigration est la partie du programme Trump qui a le plus retenu l'attention des médias. Cela pourrait porter à croire que ses propositions répondent à un consensus dans le pays, ce qui est absolument faux. En fait, selon un sondage Gallup réalisé après le début de la campagne de Trump, 65 % des personnes interrogées pensent qu'il faudrait accorder aux immigrants illégaux la possibilité d'obtenir progressivement la citoyenneté américaine. Pour 19 %, il faudrait leur accorder un permis de séjour limité et seulement 14 % estiment qu'il faudrait les extrader. Ce dernier pourcentage monte à 31 % chez les républicains, mais cela ne constitue nullement une majorité. Cela tend à prouver que ces propositions sur l'immigration ne sont pas la véritable motivation d'une majorité d'électeurs de Donald Trump.

En réalité, l'immigration ne devient une priorité que lorsqu'elle est couplée avec la sécurité nationale.

La vie quotidienne

S I, SUR LES SUJETS PRATIQUES, Trump peut se prévaloir de son expérience de chef d'entreprise, il reste un pas à franchir pour la transposer à un gouvernement constitué de 51 parties (le gouvernement fédéral et les 50 États), et son approche n'a rien d'orthodoxe. C'est aussi dans ce domaine qu'il s'éloigne le plus de la doctrine républicaine.

L'assurance maladie

« Tout le monde doit avoir une couverture maladie. Ce n'est pas très républicain, ce que je dis là… je vais prendre soin de tout le monde, peu importe que ça me coûte des voix ou non. » (Donald Trump.)

L'assurance maladie a longtemps représenté l'un des grands dysfonctionnements de la société américaine et, dans une certaine mesure, c'est toujours le cas.

En 2010, environ 16 % de la population du pays n'était pas couverte par une assurance maladie. Ce pourcentage serait tombé autour de 10 % en 2015.

Entre-temps, il y a eu la plus grande réforme de la présidence Obama, l'« *Affordable Care Act* », un programme plus connu sous son surnom d'« Obamacare ». Celui-ci rend l'assurance maladie obligatoire sous peine d'une amende et interdit aux compagnies d'assurances de refuser de couvrir des postulants qui, étant malades, présentent un risque financier. La loi crée un pool d'assurances par État, pour subventionner chacun en fonction de ses revenus.

Le système reste une véritable usine à gaz. Le marché de l'assurance est si compliqué qu'il n'a pas du tout fonctionné pendant les premières semaines de sa mise en place !

On y trouve les programmes financés par de l'argent public, comme « *Medicaid* » et « *Medicare* », créés en 1965, qui couvrent les indigents et les personnes de plus de 65 ans. Les fonctionnaires et les militaires sont assurés par le gouvernement à des tarifs qui font rêver le reste de la population. Pour les autres, l'assurance relève de la responsabilité de l'employeur dans les entreprises de plus de 50 employés, qui négocient avec les compagnies d'assurances. Les 10 % qui n'entrent dans aucune de ces catégories s'assurent à titre individuel. D'une façon générale, l'extension du système s'est soldée par une augmentation des frais pour une bonne partie de ceux qui en faisaient déjà partie.

Donald Trump propose d'abroger la loi Obama dès son premier jour à la Maison-Blanche pour la remplacer par un système de couverture plus rentable, en faisant mieux jouer la concurrence entre les assureurs. Il propose une déduction fiscale intégrale des primes. En désaccord avec la ligne du Parti républicain, il veut maintenir intégralement la couverture des personnes les plus âgées assurée par Medicare, mais imposerait des restrictions à Medicaid.

La grande question est de savoir comment il entend arriver à une couverture universelle en supprimant la clause d'assurance obligatoire contenue dans la loi Obama et à quel prix s'effectuerait sa réforme.

L'environnement

« Je ne crois pas beaucoup à l'influence humaine sur les changements climatiques. » (Donald Trump.)

S'il y a un sujet qui n'empêche pas Trump de dormir, c'est bien celui-ci.

Après avoir soutenu pendant des années que le réchauffement de la planète était une « plaisanterie » voire une « escroquerie », Donald Trump a changé son fusil d'épaule au cours de sa campagne : il reconnaît désormais que le changement climatique est un problème, mais pas aussi important qu'on le prétend. Il s'oppose aux taxes environnementales – on se souviendra de ces propos : « Le concept de réchauffement de la planète est un complot des Chinois pour réduire la compétitivité des États-Unis », même s'il a affirmé après coup qu'il plaisantait. Son idée de supprimer l'EPA, l'agence fédérale sur l'environnement, a fait grand bruit, bien qu'on ne voie pas vraiment comment cela serait possible. Il a ensuite précisé qu'il voulait simplement la rendre plus rentable en réduisant ses crédits.

Donald Trump défend son fonds de commerce : les petites entreprises et les industries traditionnelles, en première ligne des contraintes imposées par les lois sur la protection de l'environnement. Hillary Clinton s'est fait beaucoup d'ennemis en s'attaquant à l'industrie du charbon. Donald Trump sait qu'il pourra en tirer un grand bénéfice dans les États clés de la Rust Belt.

L'éducation

« Nous sommes au 26e rang du classement mondial. 25 pays font mieux que nous dans le domaine de l'éducation et certains sont en quelque sorte des pays du tiers-monde ! » (Donald Trump.)

Le chiffre auquel se réfère Donald Trump concerne en réalité l'apprentissage des mathématiques et des sciences.

Si les États-Unis ont les meilleures universités du monde (du moins certaines), ils sont loin de faire aussi bien pour les niveaux primaire et secondaire. À la fin de ces études, seuls 26 % des élèves atteignent ou dépassent le niveau requis en mathématiques, 39 % en lecture, ce qui n'empêche pas 81 % d'entre eux d'obtenir leur diplôme de fin d'études. Cela fait dire à Donald

Trump que beaucoup de diplômes ne sont que des certificats de présence.

La dernière réforme de l'éducation, « *No child left behind* », remonte aux premiers mois de la présidence de George W. Bush, il y a quinze ans. Elle s'était faite avec la collaboration du défunt sénateur Ted Kennedy qui, dans d'autres domaines, n'avait pas beaucoup d'atomes crochus avec le président républicain. Elle mettait l'accent sur le contrôle de l'acquisition des connaissances après avoir mis en évidence de cruelles lacunes dans ce domaine.

Donald Trump parle beaucoup de l'éducation, mais, dans ses plus belles envolées, il est question de supprimer le ministère de l'Éducation pour rediriger les crédits vers les pouvoirs locaux. En fait, il semble qu'il envisage surtout de lui serrer la ceinture.

L'un des principaux griefs qu'il adresse au ministère concerne les prêts aux étudiants. L'endettement des jeunes diplômés est considéré comme une bombe à retardement pour l'économie américaine et il touche en priorité la classe moyenne. Les deux tiers des étudiants ont emprunté pour financer leurs études, leur dette moyenne atteint 35 000 dollars, ce qui représente en tout 1 000 milliards de dollars, et 10 % sont en défaut de paiement. Une partie de ces prêts est garantie par de l'argent public permettant, semble-t-il, à l'État d'engranger un profit de 41 milliards de dollars grâce aux intérêts. Bien que Donald Trump se soit emparé du problème, ces chiffres ne sont pas de lui : il a de fait rejoint la croisade de l'une de ses grandes ennemies, Elizabeth Warren, sénatrice de l'État du Massachusetts... et figure de proue de la gauche du Parti démocrate !

Biographie

Né le 14 juin 1946, Queens, NY

Mère : Mary Anne MacLoad (1912-2000), écossaise, femme au foyer et bénévole associative.

Père : Fred Trump. (1905-1999), fils d'immigrants allemands, promoteur immobilier.

Quatrième d'une fratrie de cinq : Fred Jr (1938-1981), Robert (1948), Maryanne (1937), Elizabeth (1942)

Mariages
1. Ivana Zelnickova (1977-1991)
2. Marla Maples (1993-1999)
3. Melania Krauss (depuis 2005)

Enfants
Avec Ivana
1. Donald Jr
2. Ivanka
3. Eric

Avec Marla
4. Tiffany

Avec Melania
5. Barron

Résidences
New York City
Mar-a-Lago, Palm Beach, FL

Études
New York Military Academy
Fordham University
Wharton School of the University
of Pennsylvania, Philadelphia

Carrière
Promoteur immobilier
Opérateur de casinos
Animateur à la télévision
Investisseur
P-DG de Trump Organization

Politique

Entre au Parti républicain en 1987. A pensé à se présenter en 1988. Se présente en 2000 sous l'étiquette du Parti de la réforme. Aurait été approché au moment de la sélection du vice-président de George Bush père, en 1988. Démocrate entre 2001 et 2009 sous George W. Bush. Revient au Parti républicain en 2009, puis se déclare indépendant, avant de se réinscrire en 2012 au Parti républicain.

Table des matières

Dans la même collection

Imprimé en France par CPI
en juillet 2018

N° d'impression : 2038096
Dépôt légal : octobre 2018
ISBN : 978-2-3791-3004-5

www.monpoche.fr